子育て奮闘中の
母ちゃんドクターが書いた

『男の子ママ』の悩みをぶっとばす言葉

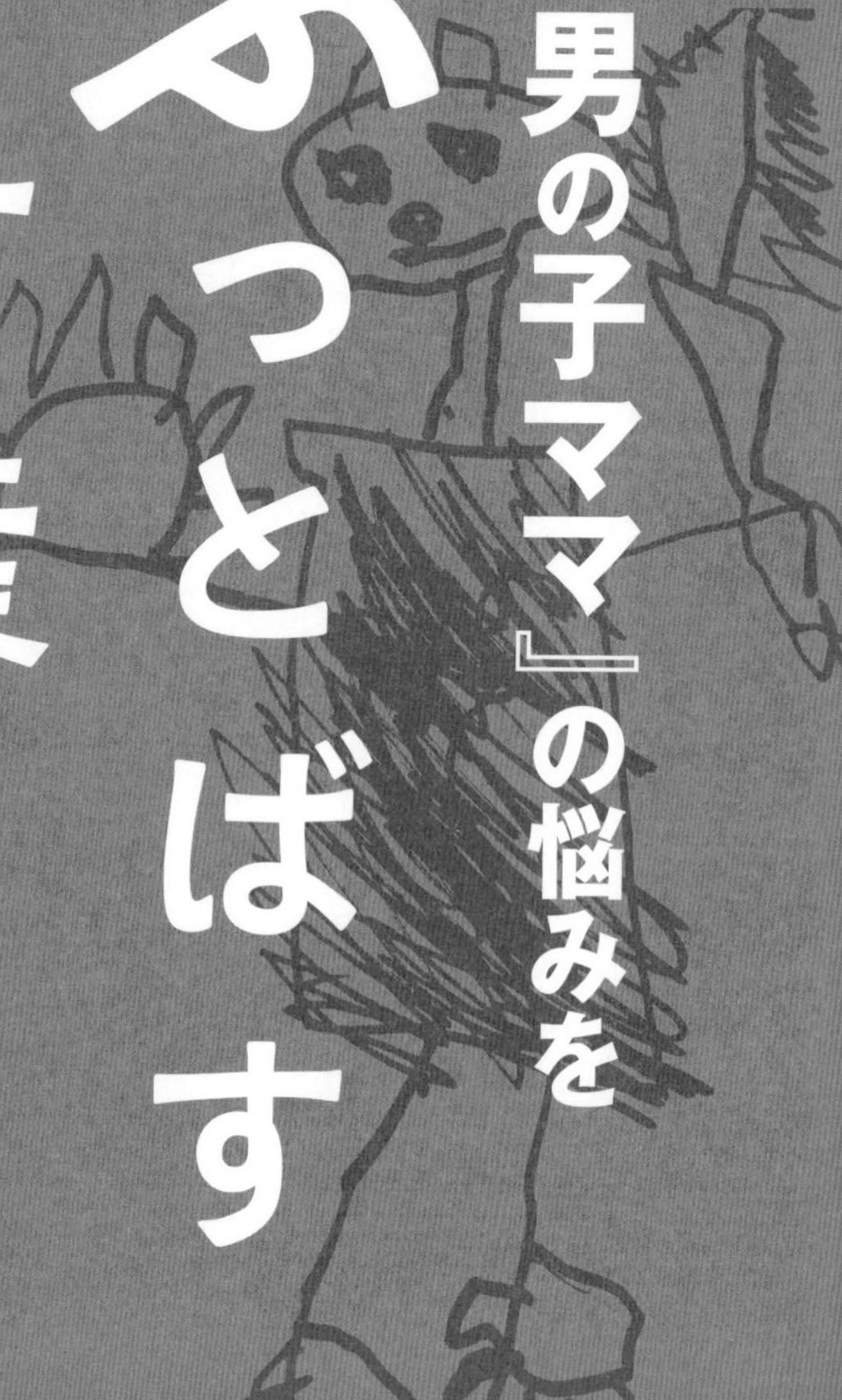

須藤暁子

KADOKAWA

はじめに

この本を手に取ってくださりありがとうございます。
私は今、2歳と4歳の男の子の子育て中です。大学病院で医師として働いています。
ブログなどで「子育てに奮闘する日々」を綴っていたら、
「共感した！」というコメントをたくさんいただけるようになり、
このたび、出版の機会に恵まれました。

私がこの本を書きたいと思ったのは、子育てをしてみて、
「子育てって、こんなに辛くて苦しいことがあるんだ」ということを知ったからです。

「子ども」のことなら、他人でも「かわいそうに」って言える。
だけど、「お母さんの辛い時期」のことは「同じ境遇のお母さん」にしかわからない。
「お母さん」を経験したはずの人だって、この辛さは忘れてしまう。きっと私もそう。

日ごとに子どももお母さんも成長するから、
「今」、この一瞬しか、こんな苦しさを表現できる時期はないのだと思います。
だから、私は、「今」一緒に頑張っているお母さんの味方をしたくて、
「今」、頑張って書きました。

開き直るのではなく、強くなりすぎるのではなく、少しだけ力を抜こう。
この本が、隣にある本当に大切なものに気付き、
大切にできるようになるきっかけになってくれるといいなあと思います。

私からのプレゼントが、どうか悩めるお母さんにとって、
ほんの少し心を軽くしてくれるおくすりでありますように。

須藤暁子

ある朝の風景――

今日こそは余裕を持って仕事に出発するぞ！
早く起きられたし、
洗濯物を干してごはんを準備して
子どもたちを気持ちよく笑顔で送り出そう！
帰ってきたらごはんとお風呂を早く済ませて、
子どもを早く寝かしつけて、
なんとしても自分の一人時間を作ろう！
大抵そう決意して、
私の一日が始まります。

洗濯機をまわそうとしたところで、2歳の次男が泣く。

まだ寝ていて欲しいのに〜と
内心チッとやってしまう。

おお、よしよし、母ちゃんね、ちゃんといるよ。
抱っこで次男をリビングに連れて行き、
オムツと服を替えてごはんの準備。
あ、その前にオムツを触った手を洗わなくちゃ。

水道のお水を出したら次男がワクワクして飛んでくる。
水を触らせてもらえるまで大声でわめく、ねばる。
ついその場しのぎをしてしまう私は、
次男を持ち上げ、おててを流水に触れさせる。
一回だけよ、をわかるはずもなく、
びしょびしょになったのは、さっき替えたばかりの服だ。

すでにイラッとして、テレビでも見ててねと

テレビを付けっぱなしにして、
本日二度目のお着替えを取りに行く。
着替えをあさっていると、
目を覚ました四歳の長男が泣きわめく。
「ママ!!　なんでじろうが先なの～！
たろうが先が良かった～」
彼は、自分が先にリビングに（しかも抱っこで）
行きたかったと、大泣きしている。
「や～だ～、やり直ししてえ～」
さすがに次男からのやり直しはできないので
「ドラゴンボールやってるかな～」
とかなんとか言ってごまかし
十六キロの長男を担いでリビングに運ぶ。

さあ、やっとごはんの準備ができる！
卵を割った瞬間、次男がいつのまにかゲートを突破。
「それ、やりたい」の顔と言葉にならない大きな声。
さすがに無視していると、今度はゴミ箱をあさり、
卵の殻をぐしゃぐしゃつぶし始めた。
もうそれでもよかった。床に卵がこぼれようが、
殻が散らかろうが、**このモンスターが**
何かに集中してくれることが、
ラッキーとさえ思った。

床にいる次男に油が跳ねないように、
コンロの前は自分の体でガードして、
チチチチとコンロに点火した。すると音に反応した次男は、
なんとしてもコンロの火に触るべく
私の股の間をすりぬけようと頑張る。

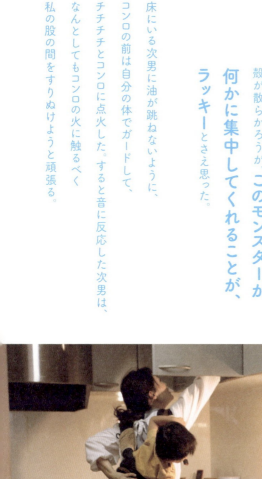

仕方なく、次男をハイチェアに座らせ、
何かすぐ食べられるものを与える。
お菓子だったり、ゼリーだったり。

「ごはんの前にそんなものを食べさせて」
という声は、私の遠くで聞こえている。

何度もハイチェアの上に立ち上がって
落ちそうになる次男を修正しながら、
予定よりだいぶ雑に朝ごはんの準備が終わる。
長男を呼ぶが、
テレビに夢中な長男はなかなか来てくれない。
最後は無理にテレビを消して、
長男が大泣きする。

なんとか二人にごはんを食べさせ、さあ、ごちそうさまをしようと思った瞬間、
次男、三度目のお着替え決定。牛乳の入ったコップを空に放ったのだ。
ちなみに長男も私も、二度目の着替えをすることになったことは言うまでもない。

ごはんが終わって少し落ち着いた次男は、
長男と仲良くテレビを見ている。いまだ！
私が着替える時間。
服を選ぶためにクローゼットにダッシュ。
すると、ママがいなくなった事に気付いた
次男が大泣きを始めた。
「もう～!!　また昨日と一緒でいいや！」
結局、いつものジーパンが活躍する。

急いでリビングに戻ると、いつの間にか
次男は床いっぱいに油性ペンで落書きをしていた。
さっきはなかったおもちゃや、
しゃもじ、おたまなどのキッチングッズが散乱している。

何がどうなったかは考えたくもない。
深呼吸して、
怒らないですんだら上出来だ。

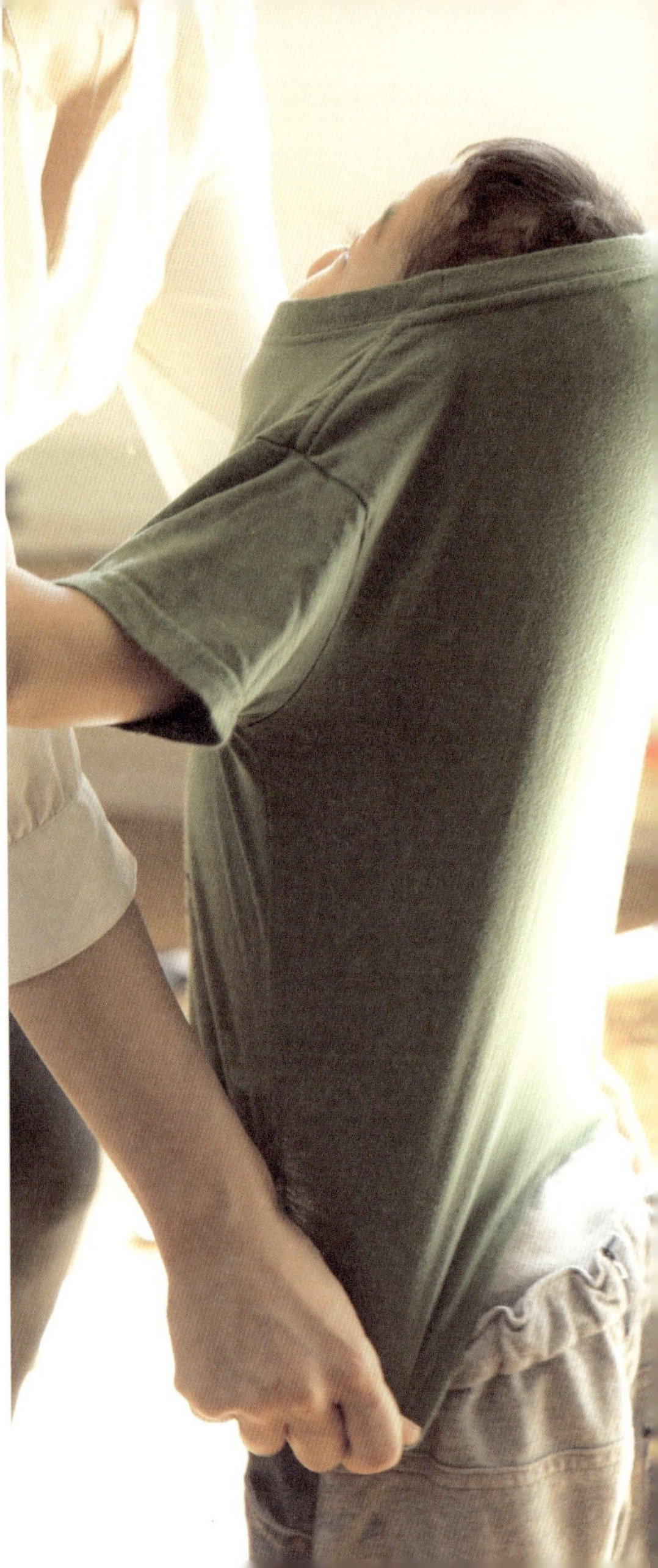

ああ！　とにかく、急がないと仕事に遅れる！
ふたりの歯磨きをなでる程度に済ませ、靴下と靴を。
「自分でやる！」の次男は左右が逆で、
長男は「この靴じゃあやだ～！　ゴールドがいい～!!」

家を出るときには、私はすでに疲労困憊、

夜八時かと思うほど、体力は消耗している。

ヘトヘトで二人をそれぞれ別の園に
送り終えると、**やっと我に返る。**

あ、洗濯機まわしてない。
あ、私、朝ごはん食べていない。
あ、食器そのままで来ちゃった。
あ、長男の忘れ物した。
あ、化粧してない。
あ、歯磨き忘れた。笑。

三十年間やってきた「自分」を、
ある日を境に「お母さん」に
変えなくちゃいけない。

母ちゃんをやってみてわかった。
こりゃ、大変だ!!

もくじ

PART 2 苦しいときの乗り切り方法

PART 3
ママ自身を大切にしてあげよう

PART 4 子どもは母ちゃんを育てるために生まれた

PART 5 愛しのダンナさま。女の定義を広げてください

PART 1

「男の子ママ」の子育てあるある

我が家の床には落ちている。

1．食べこぼし
2．小石
3．どんぐり

ぐりとぐらの家ですか!?

男の子は、「ハナクソ」を主食にしている

ある晴れた日、公園で視線を感じました。

なんとなく目をやると、可愛らしい優しげなママと、三歳ぐらいの女の子が、私たち親子を見ていました。ママが好みだったので、少し話してみたいと思いました。

するとここで女の子がチャンスをくれました。笑いながら、鼻に指を突っ込んでは舐め始めたのです。可愛いお母さんの顔はみるみる険しくなって、

「〇〇ちゃん、やめてちょうだい！」

私はお母さんをかばおうと思って、

女の子に「おいしいんだよねー」と、微笑んでみました。

だって、うちの子たちはいつもハナクソをほじっていて、しかも食べるし、

なんだか気恥ずかしいお母さんの気持ちがよくわかったから。

それに、なんとなくこのママと仲良くなりたいなと思ったから。

そしたらそのママ、

「こっちへきなさい！　近寄らないの！　行くわよ！」

とてもイヤそうに、女の子を連れて、私たちから離れていってしまいました。

冗談が通じなかったかと、少し寂しくなり、考えてしまいました。

「あーあ、行っちゃったね。ママ変なこと言っちゃったんかね」

彼女たちを目で追いながらこう言うと、長男は後ろから

「大丈夫だよ！　ハナクショはおいしいよ！

ママ、へんなこと言ってない！」

うれしくなりました。

「そうだ、私にはこの子たちがいる！　仲良くできない人だっているよね、ありがとう！」そう思い、子どもたちを抱きしめたくなりバッとふりかえると、

二人ともめっちゃハナクソほじってるうう！
しかも当然のように食べてるううう！

次男に至っては、両手で両鼻いっていましたよ。

ああコレを見て、女の子が真似しちゃったからママはイヤそうに離れてしまったのね。

じゃあ仕方ないね。仲良くなれないや。なぜならうちの子たちは、

ハナクソを主食にしているのだから!!

どんまい、母ちゃん!!

赤ちゃんの頃、ハナクソがとれなくて、
あんなに心配したのに。
もう上手にできるんだ。
すごいね、すごい。
おいしいかい。
たくさん食べて大きくなるんだよ。
ごはんだよ。

ママの寿命を縮めるのが得意技。男の子の「お風呂」に注意！

「さあ、みんなでお風呂に入ろう！」

私が声をかけると、長男がワクワクした様子で、われ先にと脱衣所にダッシュ。自分でいそいそと服を脱ぎ終えて、ぴょんぴょんジャンプしながらトイレに向かい、おしっこをすませ、再びお風呂に走ります。

私が次男の服を脱がせている間に「ドボーン」と聞こえたので、**ああ、もう浴槽に入ったな、とわかりました。**

この年齢は少しの水でもおぼれてしまうので「ゆっくりね！」と注意をしました。

……長男からの返事がない！　沈んだ!?

私はびっくりして、
次男を放り投げて、風呂場に駆け込みました。
長男が、いない。え?! 本当に、沈んでしまったんだ。

言葉にならない大声を出しながら、さらに浴槽めがけて転がり込んだ瞬間、
私の目に飛び込んできたものは……、

ス・ストロー……?

ストローが、茶柱のように湯船から顔を出しています。
その下には、水中めがねをかけた長男がゆらゆらと
……**こっちを見ている。**

私は長男をむりやり引っ張り上げて、きつく抱きしめました。長男がおぼれてしまったかと思ったので怒ることさえできず、あまりにホッとして泣いてしまいました。

彼の言うことには

「ママしんぱいいらないよ！
おいらは忍者だから、すいとうのじゅつしてたんだよ！」

そのときは、いっぱいいいっぱいでつっこめなかったけれど、「すいとん」な。

長男の無事に安堵してはっと気がつくと、
次男が膝まで降りたオムツに足をとられて転がって、脱衣所で泣きわめいている。
ああ、もう、疲れた…。

君へのプレゼントは、母ちゃんと過ごす時間。
決して長いとは言えないけれど、
君と一緒におもちゃを作ったり、
君を想っていることを伝える時間が、
母ちゃんからのプレゼント。
お面に隠れた笑顔が、
震えるほど愛おしい。

木の棒は「金の延べ棒」、小石は「ダイヤモンド」ほどの価値

子どもたちと一緒に歩いていると、ただ道ばたに落ちているものが、実は一番の宝物なんだと感じることがよくあります。

道ばたで長男も次男も必ず拾うのは、**木の棒**です。
これさえあれば、彼らは無敵のヒーローにも、刀を腰にさしたお侍さんにも、あこがれの忍者にもなれます。

しかし、**我が家では、なんと洗濯機から、毎日、木の棒が山ほど出てきます。**
ポケットに入れておいたのを忘れてしまうのかなとは思うけど、

皮がめくれた木の棒が出てくる度、洗濯機が壊れないかと心配になってしまいます。

ある日いつものように、洗濯機から洗濯物と一緒に、木の棒がいくつか出てきたので、私がためいきをつくと同時に少しあきらめ、怒りを抑えていると、

次男が、その棒を持って洗濯機に向かって、

「まじぇまじぇ〜」と、お菓子を作るように、優しく混ぜ始めました。

そして、躊躇なく洗濯機にポイ。

お前か！

出すのを忘れていたのではなく、わざわざ投入されていた棒たちは、

私の濁った目にはゴミにしか映らないのですが、

彼らにとっては金銀財宝。

長男は「じろうくん、まぜまぜ上手だからね～えらいね～」と言って、
木の棒を集めてまた次男に渡していました。

お前もか！

太郎の方がよっぽど母ちゃんよりも大人だね。次郎もいい兄ちゃん持ったね。
だからといって、
洗濯機に木の棒が入っていることを喜べない、

心が小さい私です。

ごめん、ゴミの日が待ち遠しいよ。

木の棒を見つけたときのキラキラのおめめ。
今、わくわくしているんだね。
今、棒だけを見ているんだね。
そんな今だって、
自然をさわること、
周りを見ること、
たくさん学んでいる。

7

男の子ママには夢の夢……。ママ友とランチ

「ママ友と子どもとランチをして語り合った」

というママの話を聞くと、いつも疑問に思うのですが。

ランチはどこで食べているの?

ランチの間、子どもたちは座っていてくれるの?

ママ友と話せる時間、十分でもあるの?

どうやら女の子と男の子では、お店での振る舞いも大違いのようです。

イスに三分もじっと座っていられない我が子のことを考えると、

一緒にランチだなんてとても信じられないのです。

うちの子たち、ファミリーレストランでさえ、出禁くらってますから！

疲れさせたい一心で習わせているサッカー教室が終わり、長男のお友達二人とそのママたち、そして私たち親子の三組で、某ファミリーレストランでお昼ごはんを食べようということになりました。

三人とも元気な男の子なのですが、とくに我が子は、座る席、おまけのおもちゃの色、メニュー等にこだわり、泣きわめきまくり。

何度も外へ連れ出したり、言って聞かせたりしても、サッカーで狙い通りに疲れてしまっているせいか効果なし。

あげくの果てに、ほとんど何も食べないで、おもちゃコーナーへダッシュ。友達二人をダークサイドに引きずり込み、売り物のおもちゃを取り合った結果、箱がやぶけてしまいました。弁償しようと思ったのですが、店員さんからは、「弁償は結構です。申し訳ございませんが、**他のお客様のご迷惑になりますので、今後のご来店をご遠慮いただけますか**」

それ以来、
ランチの「ラ」の字も考えなくなりました。

ごはんの度に、君たちが汚す。
ごはんの度に、私は怒っている。
ごはんの度に、私は悩んでいる。
ごはんの度に、君たちは笑う。
ごはんの度に、みんな、成長する。

恐怖の子連れ電車体験。二度と一緒に乗るもんか！

ベビーカー問題とか、赤ちゃんが泣き止まなかったらどうしようとか、ホームで走るから危ないとか。そういう一般的な悩みはちょっとおいておいて、**私が電車を恐いと感じるようになったエピソード、**共感してくれる人がいるといいのですが。

その日、長男は立って手すりにつかまっていて、私が次男を抱っこして座っていました。それまで二人とも困った行動もなく、めずらしく穏やかな時間を過ごしていました。
すると突然、退屈になった長男が、

「ママって、おひげボーボーだね☆」

キラキラおめめで、もちろん声を大にして。

満員電車ではなかったけれど、くすくす笑ってる人が数人いた。

恥ずかしさで私も言い訳のために声を張る。

「ボーボーじゃないよ！　ちょっとだけだよ！」

母ちゃん身を削る覚悟をし、勇気を出してこう言ったらまあまあウケた！

すると、周りが笑ってくれるもんだからお調子者の長男は舞い上がってしまい、

その後の車両は
私にとって恐怖の下ネタ拷問箱と化した。

「ママのおっぱいから牛乳出るよね！」

「ママのおへそは時計ぐらい大きいよね！」

「ママのおならくさ〜い！」
「ママ、早くおちんちんしまって！」
「やっぱりおちんちんみせて〜（ズボンを脱がせようとしやがる）」

急行に乗ってしまった自分を、憎むしかなかった。

止まらないから、降りられないんだもの。

もちろん、**そんなちんちん電車には、以来乗車できていません。**

なんて憎たらしいんだって思う。
でも10秒たつと、
なんて愛おしいんだって思う。
忙しい、この感情。
君に出会えたから。

6 なぜ男の子は、少しでも高いところへ登ろうとするのか

道を歩く時、必ず縁石を歩く。

ジャングルジムをどこまで登れるかを競いたがる。

ベッドの上に立って跳ねる。ソファーの背もたれの上、テーブルの上、よそのおうちの塀が階段状になっていれば、必ず登ってみる。

エスカレーターでも、上へ上へ。

二歳の次男はもちろん、長男は四歳だけどいまだにこうです。


「飛べるかもしれない」と思っているのか、

「高さ」を体で覚えるための実験をしているのか、

「体操教室には行けないから自分でバランス感覚を養おう」と思っているのか、
はたまた「オリンピックの表彰台では一つでも高い位置に」と思っているのか。

聞いたことはないけれど、母ちゃんの目には、
これは「彼らの立派なおつとめ」なのだと映ります。

今日も三百メートルの距離を、一時間以上かけて、
高みを目指す二人を連れて、牛乳と納豆を買いに行ってきます。

しんどい。

「大人の感情を察知する能力」がある?!

一、長男

まじめな上司に会ったとき、「きちんとご挨拶してね」と言ったら、**「うんちおばさんぶりぶりー!!!」**と凍り付くような挨拶をかましました。

一、次男

スーパーで安い肉を探しているときに限って、売っている中で、**高い肉から順にラップに指を差し込んで穴を開けている。**

(その後買い取った)

一、**長男**

親が急いでいるときに限って、

「この靴、服に合わないから替える！」

一、**次男**

母ちゃんがめずらしくパリッとした白シャツを着ると、

鼻水とヨダレまみれの顔でにっこり。両手を広げて**「抱っこ♡」の顔。**

天才か?!

押せるものは、何でも押したがる

エレベーターがやたら各階止まりだなと思ったら、
次男が全部のボタンを一生懸命押していました。
長男も昔はそうだったし、今でも、「たろうがやる」と言って、
次男を泣かせることがあります。

夜、電気をつけるのも消すのも全て、自分でやらないと気がすまない次男。
長男もそうだったし、今でも、「たろうがやる」と言って、
次男を泣かせることがあります。

チャイムも、パソコンのキーボードも、
スマホも、血圧計の計測ボタンも、
ママのおへそも、目玉焼きの「目」も、
お友達のことも、時間さえも、

押せそうなものがそこにあるから
君たちメンズは押すのかい？

7

限界を一ミリでも超えたら、突然シャットダウン

ほやほやの、今日のできごとです。夜に眠れなくなるので長男には、できるだけお昼寝をさせないようにしています。

今日の十五時、家でごろごろしていたら、長男が眠そうに目をこすり始めたので

（やばい！ここで寝たら、きっと夜寝るのが二十二時を過ぎる！）

こう思った私は、長男を元気よく誘いました！

「公園に行こう!!」

長男は喜んでくれ、公園に着くと眠気も吹き飛んだようで元気よく遊びました。

そろそろ日も暮れてきたので、「帰ろう」と誘うと、

「たろう、まだまだ遊びたい！　イヤだ！　帰りたくない！　もっともっと遊ぶ！」

とギャーギャー大騒ぎが始まりました。

「じゃあおうちでまたいっぱい遊ぼうね」と約束をして、ひきずるようにしてなんとか帰宅。

（しめしめ。お昼寝しないですんだ。今日は早く寝てくれそうだ）

「手を洗ってごはんにしよう～！」と呼びかけると、「やったーおなかすいたー‼」の元気な声。

長男がごはんを楽しみにしながら手を洗いに行ったので、水の流れる音を心地よく聴いていると。

…あれ？　おかしいな。ずっと、音が止まらない。

様子を見に行くと、

洗面台で寝てる！

起こしてもびくともしないけど、朝まで寝てくれるわけでもなく、
結局、夜の十時にごはんを食べ、寝たのは**夜中の一時**でした。

限界までは元気なのに、
一ミリでも超えると突然シャットダウン。
本当に惜しかったなあ……。

いっぱい遊べ。
いっぱい泣け。
食べて、飲んで、出して。
全ては当たり前じゃあないんだから。
今できることを、ぜーんぶ。

ごはんのストレスが、今日もやってくる

長男は、おしゃべりばかりでなかなかごはんが進みません。
一回の食事に一時間以上かかって、
最後は母ちゃんが口に押し込むようにして、ごはんが終了です。

次男は、ハイチェアの上に立ち上がって、おかずをぐちゃぐちゃやるか、
汁物と混ぜる実験をするのが日課です。
最後は必ず、その実験でできた物体を投げるか、
牛乳の入ったコップを上投げで放って食事が終わります。

母ちゃんにとっては、ごはんの順位が高いから、
それをやられると、ついつい怒ってしまうのだけど、
君たちにとっての順位はどうなの？　食べなくていいの？

ごはんを食べてくれないストレスから、
私、いつか解放されるのかしら。

わからないよー。ごはんの順位。

それから、次男が牛乳を投げる理由も。
ちょっと、楽になりたいよー！

男の子は、「汚いこと」が大好物

女の子と違って、男の子には、
汚れちゃうからやめようという感覚は、ありません。
やりたいことを恐れずやった結果、
いつも汚れるほうに進んでゆくのが彼ら。

「水たまりがあったから、ちょっとだけ泳いじゃった」
「電信柱の、いぬがおしっこしているあたりを触りながら、くるくるまわりたい」
「公園では、砂と水で遊ぶのが一番好き」
「道を歩くのに、汚れている塀や壁をずーっと触りながら歩きたい」

「うんち、おしっこ、おちんちん、おなら……」

今日もわたしの思う「汚い」を息子たちは研究してます。

いつかこの研究の成果が、現れるのかしら。

PART 2

苦しいときの乗り切り方法

あなたが苦しいのはなんで？
私が辛いのはなんで？
こんなに大切で、大好きなのに。
子どもを「子ども」と思うのやめよ。
自分を「親」と思うのやめよ。
ひと対ひと。
人は支え合って生きてゆけばいい。

忘れ物？子どもじゃなきゃ、いいんさ

今日は、長男に水筒を持たせるのを忘れてしまった。
昨日の忘れ物は、お弁当のお箸だった。
私は裏返しのシャツを着て職場に行ってしまったし、
卵を直接流し台に割っている自分に気付いたのは
三つ目を割った後だった。
餃子を焦がし、買い物に出た瞬間に目的を忘れる。
あーあ。毎日疲れる。ぐったりと。
たまに、自分がイヤになる。子どもたちに悪いな、老化かなって。

でも、ある日考えた。

私の忘れ物や失敗を、
子どもたちが怒ったり責めたりした事って、たった一度もないなあ。

「ママって、しょうがないねえ」

「ママ、いっつもぼけちゃってるからねえ」

きっとわかってくれているんだよね、
母ちゃんが気持ちをピンとはって、君たちが怪我をしないか、
今日も生かしておけるか、一番大切な君たちを守ろうと必死な事を。

それに気付いてから、

「忘れ物」は「子どもを忘れていない証拠」

だと思うようにしています。

出産して、何日経った？

その日から、ぜったいに忘れちゃいけないものが出てきて、母ちゃんだけが自分一人で出かけられなくなって、それだけでもしんどいのに。

今のところ子どもを忘れてないなら、頑張ってると思うな。

忘れ物？
子どもじゃなきゃ、いいんさ。

へっちゃら、へっちゃら。
毎日いろんな事があるけれど。
「死ぬ事」以外には明日が来る。
何があっても、
何を忘れても
生きてくれれば、へっちゃら。

「背中スイッチ」は、明日消える!?
今は、めいっぱい押していい

子どもたちが赤ちゃんの時、抱っこから下ろせないことが、ストレスだった時期があった。

「背中スイッチ」とはよく言ったもので。

抱っこから下ろすと泣く、
布団に置くと泣く、
もー私も泣く!!

赤ちゃんの背中に見えないスイッチがあるのです。

赤ちゃんが寝ているときに大きい音を立てないように神経質になるし、
過敏になってイライラする。

でもね、大丈夫。きっとみんな一緒。
子どもと一緒に泣いて、子どもと一緒に寝て、
がむしゃらに生きていたら、いつかこのスイッチは消えてしまう。
それは明日かもしれない。

一緒に成長していこう。
「赤ちゃん」と「お母さん」は、
ついこの前、同じ時刻に生まれたばかりなのだから。

素敵なママの雑誌は、今は読むな。閉じろ！

あるとき、久しぶりに雑誌を読みました。ママ雑誌です。

そして、すぐに悲しくなって、閉じました。

雑誌に載っているママたちが、とても輝いていて、若く見えて、スタイルがよくて、素敵だったのです。

自分の体型が戻らないことや、
子どもたちが暴れん坊で、ランチや買い物になんか行けないことや、
流行の洋服なんて持っていないこと、全てがイヤになってしまったのです。

人と比べたり、うらやんだりしてしまうこと、ありますよね。

そうしたら次男が「まんま、まんま」と、
そのページで一番笑っているかわいらしいお母さんを指さしました。
その次のページも、その次も、
一番楽しそうに笑っている人を指して「まんま」。
もちろん私ではないのだけど、なぜかうれしくて泣けちゃった。

きっと子どもたちにとっては、
そのページで一番笑っているママが、自分のママに似ているんだよね。

顔も体も関係なく、「笑顔」が大きいかどうか。
増えた白髪、目尻のシワ、たるんだおなか。

産む前には戻れないけれど、
君たちが生まれてくれた証拠が、
今のあたしだ。

そうそう、この笑顔が、
母ちゃんの最大の武器なんだから。
君たちが、母ちゃんの笑顔の盾になってくれるのだから。
いつもの割烹着で、おたまを振り回して、
自信を持って思いきり笑うね。

これでいい。
人と比べるな。
昔の自分だって、もう他人。
だから比べて悩まなくていい。
今のあなたが、最高!

もうダメだって思ったら、裸足で外へ出てごらん

よくあるんさ。
もうダメだ、もう逃げたいって思うこと。

夜中のギャン泣きが、二時間を超えて、気が狂いそうになる夜とか、
二人同時に喘息発作で、体を起こしながら寝かせている夜とか。
大抵パパはいないから、疲れすぎて、眠くて、辛くてね、

「お願い、誰か助けて」って思う。
一人で大泣きしたり、イライラして怒鳴ったり、しています。

そんな時はね、
子どもを抱っこして、裸足でいいから外へ出てごらん。

地面の温度や
硬さや
足裏の痛み
感じる?

うん、それでいい。
子どもとあなたが生きていれば、それでいい。
大丈夫、きっとみんな一緒。

07

なりふりかまうな。「その人」は、この子の親じゃない

道で知らない人に、
「あんたみたいなもんの子どもは不幸だ！」って
猫を追い払うようにシッシッとされたことがあります。
夜寝る前の次男のギャン泣きをどうにもできなくて、
夜の十時ぐらいに、長男と手をつないで、次男を抱っこしながら、
お外をうろうろしていたら言われました。
「こんな夜中に子どもを連れ出して！　あんたみたいな母親の子は不幸だ！」

泣いてしまいました。

悔しいし、疲れているし、なにより子どもたちに
「こんな母親でごめんね、もしかしたら不幸かもしれない」と思ってしまって。
そのときは本当につらくて、考える余裕がなくて、ただただ心を痛めました。

でも、数日してなんとなく冷静になったら
「ってか、誰？」って。笑。

関係ない人ほど、いろんなことを言ってくるんだよね。
そして私が本気で傷ついて泣いていることなんて、そいつは考えちゃいない。
「アドバイス」だと思って、感謝できる時もあるけれど
心を揺さぶられてつらいときも、けっこうある。

だから決めよ。本当に苦しいときには、

なりふりかまうな。
「その人」は、この子の親じゃない。

子育て中って、どうでもいいはずのことでも言われると、必要以上に傷ついちゃう言葉とかタイミングって、あると思うから。プラスになったことだけ、心に残そうと思うんだ。

子育てに正解がないのではなくて、
子どもを想って取る行動に、
不正解がないだけ。
心配しなくていい、
傷つかなくていい。
子どもはわかっているから。

「こうしなさい」からの解放ドン！

抱き癖がつくから、
抱っこするなと言う助産師さんがいた。
今しか抱っこできないから、
抱っこしておけと言ったのは実母だった。

オムツはトレーニングですぐとれる、と言う保母さんがいた。
なかなかとれないでいるとき、「オムチュやめるね」と言ってやめたのは、
長男本人だった。

長男を出産した時は、
「絶対に母乳」と言われ、出ない時期が辛かった。
次男の時は、
「ミルクでもいい」と言われ、とても気持ちが楽だった。

一日一度は日光浴をさせましょう。
離乳食は手作りで。
テレビを見せてはいけない。
児童館に行きましょう。
休みの日はお父さんと一緒に。
怒ってはいけない。

知らんし！

決まりなんてないんじゃない？
そりゃできるなら完璧にしたいけど、
次男が生まれて、できないことが多くなった。

母ちゃんが、子どもを想って行動して、
母ちゃんと子どもが生きているなら、それが正解なんじゃない？

いいよ、あなたのやり方で。
お母ちゃんはあなたなんだから。

私は、私のやり方で、
周りなんて見ないようにして、
ただ、この時を大切に、
遊ぶ。

比べなくていいよ。成長の早さって、誰が決めたん？

あの子はもうこんな事ができるのに、
あの子は親の言うことを聞けるのに、
あの子たちはできるのに、
自分の子だけができないような気がしてしまう。
あれ？　でも、待って。「あの子」って、だあれ？

「この子」は「あの子」じゃないんだった。

比べなくていいよ。
成長の早さって誰が決めたん？

早くても、ゆっくりでも、
生きてさえすれば、成長できてる。

いろんな事を言う人がいる。
いろんな情報が入ってくる。
ぶれるな。へこたれるな。

「この子」は一人しかいない。
大丈夫、「この子」の成長を、しているよ。

「この子」の成長は、
母ちゃん一人が知っていればいい。

ウチが汚いんじゃない。散らかすのが仕事の人がいるだけ

子どもがいてもキレイな家が理想。
だからウチが汚いのは恥ずかしい？

それでイライラしてしまうなら、こんな考え方どう？
ウチが汚いんじゃない、散らかすのが仕事の人がいるだけ。

子どもたちは、散らかしのプロフェッショナルだから、かなうわけないよ。
今日も散らかっているのは、

子どもたちが元気におつとめした証拠。

「片付けなさい！」と怒鳴っても、
真逆の職業の仕事をするのは、大人でも難しいからね。
医者が殺し屋には、なれないもん。

しゃあないな。
一個でもおもちゃをしまえたら、ほめてやるか！
今日の母ちゃんの仕事は、
誤飲を阻止することだけだ！

隣の芝生って、そんなに青くない

例えば、あのお母さん、子どもがいて大変なはずなのに、
すごくおいしそうなごはんを作っているとか、とても家がきれいとか、
いつまでも変わらず若くて可愛いとか、
そういう、他人のキラキラした部分ばかりが、ＳＮＳで見えてくる時代です。

でもね、きっと意外とそうでもない。
本当は机の上の書類とかガーッと寄せて、食事の写真を撮っていると思うのです。
（あ、私のことか！　笑）

今日も子どもを生かしておけたなら、お母さん、今日も頑張ったと思う。
自分を誰かと比べることはない、だから子どもも、比べなくていい。
お母さん、そのままでいい。だから子どもも、そのままでいい。

隣の芝生は青く見えても、
きっとどこかは枯れている。
我が家の芝生は枯れているように思えても、
きっとどこかは青い。

うらやむより、ねたむより、めざすより、
今のあなたと周りを、
愛しいと思おう。大切にしよう。
そうしたらきっと、どこの芝生より青くなる。

やらなくちゃいけないことなんてない。子どもと生きること以外は

家の片付けをしたかった。ごはんがスーパーの総菜になった。
疲れすぎて子どもたちをお風呂に入れられなかった。
やらなくちゃいけないことができない。やりたいことがたくさんあるのに。
翌朝起きた瞬間の体が一番疲れている。
自分の時間を作れるママがうらやましい。
私は今日も何もできなかった。

毎日が、こんな日々です。
やりたいことの十分の一もできない。

子どもを産む前の自分を思い出すと、今があまりに不自由に思えて悲しくなるので、
タイムスケジュールを比較するのはやめました。
子どもを得られた人生の喜びが、薄らいでしまうのはもったいない。

やりたいことができずにイライラするのは、
子どものせいでもあなたのせいでもなく、
あなたのがんばりのせいなのです。子どもを優先している優しさのせい。

「やらなくちゃいけない」ことなんてない、「子どもと生きる」こと以外は。
「やっちゃいけない」ことなんてない、「生きられるのに、死ぬ」こと以外は。
ギリギリで奮闘している今がきっと一番大変だから、一緒に生きよう。
大丈夫、大丈夫。
あなただけじゃあないよ。

嫌われてもいい人を決める

最近出会った大切な人が、こんな言葉をくれました。
「人生で、嫌われてもいい人を決めることが大事」。

私は「イイ顔しい」で「八方美人」、誰からも嫌われたくなくて、
仕事も、遊びも、頼まれたり誘われたら嬉しくて、できれば断りたくない。
でも、実は疲れていたりイライラしていたりして、
一番大切なはずの主人や子どもや親にあたってしまうことがあります。

一番嫌われたくない人は、もちろん家族なのだけど、なんでか家族には、

絶対嫌われないような気がして、つい甘えてしまうんですよね。

でも本当は違う。
特に主人は、もとは他人だし、私のことを嫌いになってしまうことだってある。

だから、嫌われてもいい人を決めました。
自分に関わりのない他人ほど、いろいろ言ってくることが多いものですから、そういう人の意見を、参考にはするし勉強はさせてもらうのですが、心には入れない、悩むことはしない。

どうでもいい人の言葉で心が揺さぶられるのは、時間も思考も表情も、もったいない。

そんな人の言葉で悩むなら、
本気で自分の事を考えて、言葉を見つけてくれる、
今周りにいてくれる人の言葉を大切にしようと思うのです。

その考えは、私をとても強くしました。余計なことで悩まなくなりました。
本当に大切な家族や、友人を、より、愛おしく思うようになりました。

そして、大切なものは、私の一番近くにあるものだと
気付くことができたのです。

嫌われていい人には嫌われていい。
だから大切な人を大切にできる人間になりたい。

大切な君と、
大切なあなたを、
ちゃんと大切にすること。
それが、いちばん、難しい。

PART 3

ママ自身を大切にしてあげよう

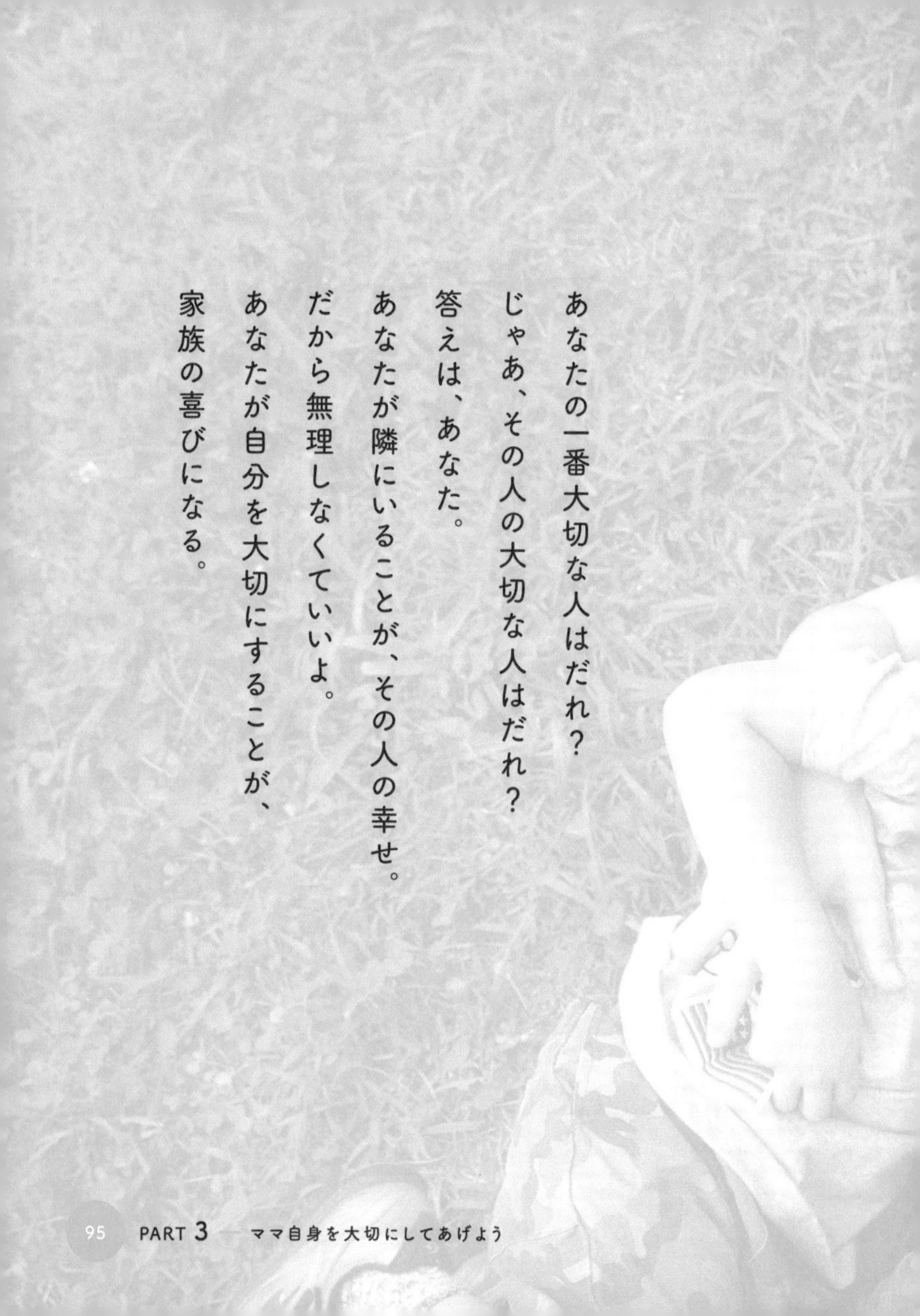

あなたの一番大切な人はだれ？
じゃあ、その人の大切な人はだれ？
答えは、あなた。
あなたが隣にいることが、その人の幸せ。
だから無理しなくていいよ。
あなたが自分を大切にすることが、
家族の喜びになる。

大切にするべきものは、あなた自身

子どもを産んで、二人目も産んで、
だいぶ強くなったのだろうと思うのに、
まだまだ他人の目や言動を気にしていることが多い。
情報過多で生きにくい、そう感じます。

タブレット端末を見せた母親は犯罪者のように言われ、
混んでいる電車にベビーカーを持ち込むと周り中が敵のよう。
唯一外食できるファミレスでも、
自由なはずの公園でさえも、

「母親」としての行動が、監視されているようで。
ネット上では匿名で正義を語る、考えの違いを悪とたたく。
誰でも適当な情報を発信できる時代だから。

いいかい、私たちは、
芯を持って、受け流そう。

大切なものだけを守るって決めた。
本気で聞くのは子どもと愛する人の言うことだけ。

そして一番大切にするべきものは
実は、あなた自身。

子どもはほっといても大切にしちゃうから大丈夫。
あなたが自分自身を思いやってあげることが、
大切な周りの人を喜ばせてあげる近道。

08
手抜きじゃない、それは工夫

あなたが疲れて、
あなたがふさぎ込んで、
あなたが泣いて、
あなたが怒って、
あなたが体をこわしたら？

それが一番心配です。
家族は、あなたの存在だけでうれしいのです。

子どもを生かすために、
ふっとかわいい笑顔を家族に見せるために、
少しでも「あなた」を楽にできるなら、

手抜きじゃない
それは、工夫。

二十四時間パジャマ。それがどうした、大きなお世話だ！

「さあ今日は休みだ！　朝早く起きて、家事を終えて、お弁当持って、午前中からお外に連れて行ってあげよう」

そうやって張り切るときは大抵、子どもが早く起きてしまって、家事もできなければ朝から大戦争でヘトヘト。気がつけば昼飯、気がつけばお昼寝、気がつけば夕飯。

気がつけば二十四時間パジャマ。それがどうした、大きなお世話だ！

「一日一回は連れ出しましょう」なんて、
子育てが終わったから、そんなことが言えるんじゃ！

感情コントロール？　できるかそんなもん！

きっと育児本と真逆のことを言っていると思うけど、これがリアルなんです。

そんなとき長男がひとこと。
「あー、今日もママと一緒で楽しかった！　また明日遊ぼうね！」
友達に言うようなライトな口調でかけてくれた言葉に救われました。

ああ、今日はこれで、いいんだ。
こんなふうに、気分がすさんで、

時間を踏み荒らしたような一日でさえ、
子どもたちはブレずに母ちゃんを愛してくれる、認めてくれる。
「理想のママ」になれちゃったら、それは「理想」じゃない。

頑張ってる自分を、
ちょっとは認めてあげてくださいね。

自分をゆるめることが、子どもをゆるめてあげるコツですから。

彼らにとって重要なのは、ただ「私がいる」ということ。

今日は、ぐうたらしていたって、
今日は、ごはんにふりかけだって、
今日も、おウチが散らかってたって、
今日も、子どもを生かしてるなら、
それだけで、あっぱれなんだ。

ゆずれない所だけバシッとしてれば、あとはゆるーいほうがいい

私の母が言った。

「あっこがそんなに完璧にしてたら、太郎と次郎のお嫁さんが大変だよ」

笑った。

もちろん私は完璧なんかじゃないのだけど、
あれはダメ、これはダメ、あーしろ、こーしろ。
情報が増えてできることが増えて、いつでも時間が全然足りない。
そういう私たちの子育ては、昔より窮屈に見えるんだって。

たしかに全てをやろうとしたら、子どももお母さんも破綻してしまう。

だから**ゆずれない所だけバシッとしてれば、あとは母ちゃんがゆるーいほうがいい**そうだ。

家の中でサッカーをして陶器を割っても、学校をサボっても、母親に怒られたことはなかった。

三人の兄妹をひたすら信用し、口は出さず見守り続けた母の言うことには説得力がある。

太郎と次郎が、「女の子は守るもの」って思えるように、母ちゃんは風船の空気を少し抜いているぐらいがいいのかもね。

精一杯生きることを子育ての正解だと思おう

最近よく、この子育てが合っているのか疑問に思います。

正解はないってわかっているはずなのに、
どうして「正解」を求めてしまうのかな。
どうして周りと同じにできないと不安になるのかな。
どうして「今」に満足できないのかな。
すぐ子どもに「大人の常識」を求めてしまうところも、あるな。
毎日生きることに必死で、今日も怪我をしないか恐くて不安で、
子育てが合っているのかわからない。

でも、あるときふっきれました。

そうやって「悩む」ことこそが、子育てなんじゃないのかなって。

「子どもが親の言うことを聞く」のが正解じゃない。

「子どもが親の求める答えを返す」ことが正解じゃない。

正解なんて、死ぬまでわからない。死んだって、わからない。

ただ、子どもが「死ぬまで精一杯生きること」をしたならハナマルをあげたいと思う。

それができる子になってくれたら、きっと正解なのだと。

私の子がグレても、それが不正解じゃない。

彼らがそういうときには、立ちはだかって、

一緒に悩んで泣いて、ひっぱりあげて、

精一杯「愛してる」を伝えよう。

そうやって、「生きること」を正解と思おう。

優しいママになりたいと、思うあなたは、きっと優しい

「今日は寝るまで怒らないぞ」って決めたのに、
夜、早速母ちゃんのその決心を打ち砕く君たち。
母ちゃんが怒って、君が泣いて、
最後には「ごめんなさい」を言わせてしまう。
少し冷静になって、母ちゃんも謝って、仲直りをして、ぎゅっとして寝る。

優しい君はいつも許してくれるけど、
本当は母ちゃん、自分を許せないんだ。

泣きべそで寝ている、天使のような君を見て、
些細なことでドッカン爆発してしまう自分を
「ダメな母親」だと毎日反省している。
そんな事をいつかブログに書いた時、
ママたちから大きく共感をもらった。みんな、同じことで苦しんでいた。

たたいたって、泣きわめいたって親子。
人間の感情、痛み、命を、本気で、教える事ができるのは親だけだから。
怒らないのも愛だけど、怒るのも、愛。

子どもを怒り過ぎちゃうのは、「あなた」だからじゃない、「母親」だから。
優しいママになりたいと、
思うあなたは、きっと優しい。

産んだ、そして、生きている。それだけであっぱれ！

誰もが知ってるかな？　お産って、大変なこと。
母子が元気で出産が終わることは、本当はキセキなのです。

今の日本では当たり前のようになっているけれど、
安全なお産は、それに関わるたくさんの人の努力の結晶。
命を落とさないお産にしようと、命をかけて仕事をしてくれる人たちがいる。
たくさんの人の力と、あなたの頑張りで、子どもは生まれる。

十月十日もの間、赤ちゃんをおなかで温めて、

ひたすらに栄養と愛を注いで、一生懸命大きくして、
あの日、あなたは産んだ。
頑張って、産んだ。
すごいな。えらいな。

あなたが生きている、
赤ちゃんが生きている、
それだけで、おめでとう。
人を一人生かすのって、大変だから。

私が生きている、子どもたちが生きている、
それだけで、ありがとう、心から。
私たちにも、あっぱれ！

すこうし、
ちから抜こうか

子育て中って、気がつくと肩にちからが入っていて、
周りが見えなくて、子どもの行動一つ一つが気になって、
あれ、私、こんなに恐い顔をしている。

私、笑いたいな。
私、泣きたいな。
私、寝たいな。
私、逃げたいな。

ああ、私、何をしているんだろう。

おっきく空気を吸い込んで、
すこうし、
ちから、抜こうか。

ああ、私、幸せなんだった、と気づくかな。

大丈夫、
みんな、一緒。
とりあえず生きよう。

君がいる今って、幸せなんだなあ

老けちゃったな。
体重が戻らないな。
着たい洋服が着られないな。
美容室に行けないな。

昔の自分と違いすぎてイヤになることがたくさん。

昔の自分は、
今より若くて、
今より細くて、

今より可愛くて、
今より自由で、
今より幸せ？

昔と今の私、
一番違うのは、
子どもがいてくれること。

お産で栄養あげて、
子育てで精神と時間とお金をあげて、
努力の結果、悩むけれど。

君がいる今って、幸せなんだなあ。

働くママがぶつかる、子どもを預けるという葛藤

初めて保育園に預けるとき、
長男も、次男も、**この世の終わりのように泣きました。**
かわいそうだと思います。
ごめんねと思います。
働くことで、
君たちの成長を見ることを放棄する悪い母親になったような、
そんな罪の意識を感じることがあって、
よく泣いてしまいます。
きっとそれは、誰がなんて言ったって、

たとえ子どもは覚えていないとか、
保育園のほうが楽しいよとか言われたって、
働くママは必ず感じること。

ただ
私は自分で働くことに決めたのだから。
保育園のお迎えのときには、
君が飛びこめるあったかいおなかを用意しようと思う。
誰よりもあったかい君専用のおなか。

パパの背中を見て成長しなさい。
ママのおなかに飛び込んで安心しなさい。
今日もお迎えに、行くからね。

母ちゃんの仕事は「マイナスをゼロにすること」

お母さんって「してあげる事」は多いけど、「してもらうこと」は少ないものなんですよね。

散らかした物を片付ける。食べるものを用意する。
食べたものを片付ける。
学校で使う「当たり前のもの」を用意する。
着た物を洗う、たたむ、しまう。そうじ、布団干し。
こんなお母さんの仕事は、当たり前のことに思える。
でも、これを維持するのって、実はとっても大変なことです。

お義母さんが「**主婦の仕事はマイナスをゼロにする仕事**」
と教えてくれたことがありました。

たしかにそうだ。わかりにくいし、過程は見えないけれど、
当たり前のようにゼロになっているのなら、
実は『お母さん』が頑張っているんだよね。

してあげたことは忘れよう、してもらったことは喜ぼう。
あとは家族が少しでも、
「そっか、ママが元通りにしてるんだな」
って思ってくれたら、母ちゃんはそれだけで頑張れる。
何かをしてほしいのではなく、
考えて、想像してくれることが、うれしいんだな。

「やーめたっ」って、さけんでみよう

疲れちゃって苦しいときは、
「やーめたっ」って、大きな声で言ってごらん。

私は、こうしてよく「親」をやめます。
なんにもしないで、「子ども」になる。

一緒におやつ食べて、
一緒に散らかして、
「うんちうんち」と騒いで、

一緒に水遊びや砂場で本気で遊ぶ。

「親」やめちゃうと、
公園もおうちもお風呂も、
全部がキラキラしてワクワクして、
楽しい物に見えてくる。

一回「親」やめてみ？

すっきりして、
また新鮮に「親」をできるようになるし、
散らかしたのが自分だと、
片付けもあきらめがつきます。笑。

笑えるときに、笑えばいい

ちゃんと笑わなきゃ、
ちゃんと元気でいなきゃ、

あれもしなきゃ、
これもしなきゃ、

そんなの全然、必要ない。

元気がないことを見せるのも、

泣いて怒って感情を見せるのも、
笑えないときを一緒に過ごすのも、
できないことを理解するのも、
他人にはできない、家族の大切な役割なのだから。

大丈夫。
泣きたいときは、泣けばいい。
笑えるときに、笑えばいい。

そうして家族って、
固まってゆく。

どんな「おかず」も、ママのおいしそうな笑顔にはかなわない

次男はほとんどごはんを食べない。
長男も食べなかった。
何時間かかけて、せっついて、ようやく半分ぐらいになる。

一方で、親友の子どもは食べ過ぎるらしい。
彼女は、制御不能な息子の食欲に頭を抱えている。

そうか、
どうであれ、結局、悩むんだ。
私たち母親は、悩みたい生き物らしい。

「食べない子は、食べ物よりも、何かに集中できる子」
「食べる子は、生きるために食べる力を持って生まれた子」

なんだっていい、こじつけだってなんだって。
ただ、今より少しだけゆったりとかまえよう。

眉間にシワ寄せて見張っていない？
子どものために頑張りすぎてない？

どんなおかずも、ママがおいしそうにうれしそうに食べるその笑顔や、
一緒のあたたかい空間には、かなわないと思うんだ。

おおらかに、信じよう。
ママも、ちゃんと食べてくださいね。

子どもがくれたボサボサ頭の似顔絵と、たった三分の時間が私に自信をくれた

母の日に長男が素敵なプレゼントをくれました。
いつものように仕事を終えて、夕方お迎えに行くと、
彼は嬉しそうに飛びついてきました。

「ママ、今日はママの日だから、ぷれじぇんとがあるからね！」

私は、彼が保育園で何かを作ってくれたのだと思い、ワクワクしました。
長男は、「もうちょっと待ってね！　お風呂が終わったらわたすからね！」
と言ったので、待ち遠しい気持ちでふたりっ子との夕飯、お風呂を済ませました。

いつも通りに楽しくお風呂を終え、子どもたちをわしゃわしゃと拭き、自分はびしょびしょのまま、オムツを嫌がって逃げ回る次男を追いかけ回します。やっとつかまえて、オムツをはかせたところで長男が何やら持ってきました。

私の顔が描かれた、赤い紙皿。もちろんとてもかわいくてうれしかったのですが、

それにしても髪の毛がぐるぐるだなあ。

私の髪はストレートなので、長男に聞いてみました。

私「太郎、これ、ママだよね？」
太郎「うん!!」
私「ママの髪の毛、くるくるだねえ」
太郎「うん、**だっていつもボサボサだから!!**」

私「……そっか（笑）」

なるほど。少し身なりも気を付けないといけないなと思った所で長男が続けます。

「だからね、ママ。今日はもうひとつぷれじぇんとがあるんだ！」

長男は私を押して、洗面所まで連れて行きました。

「ママ、どらいあーやっていいよ！」

「ん？？　どういうこと？」

「だってママ、パパがいるときは『髪の毛乾かしてきてもいい？』って、パパに聞くでしょ？　パパいないけど、今日はたろう（自分）がじろうくん（次男のこと）を押さえつけてるから、どらいあーしていいよ!!」

そう言って、私を洗面所にむりやり押し込んで、ドアを閉めました。

私はしばらくうれしさで涙があふれてしまって、せっかくもらった「時間」を

そこに使ってしまいました。

少し落ち着いて、にやけながらドライヤーをかけ始めると、**一分もしないうちに洗面所のドアが不器用に開き、次男登場。笑。**

「じろー！　だめー!!!」と慌てながら次男をつかまえようとする長男と、それをすり抜けて走り回る次男を見てうきうきうれしくて、もうドライヤーどころではなくなってしまいました。

私の髪はいつも通りボサボサだったけれど、長男が時間をプレゼントしようとしてくれたこと、なにより「本当はママが何をしたいのか、ママがいつもどうしているか」ということを「考えて」くれたことが、本当にうれしくて、幸せな一日になりました。

「お母さん」という仕事は当たり前の事のように見えて、実は**家族の「当たり前」を**

維持するためにすごく大きな労力と時間を使っているということを、自分がお母さんになってみて初めてわかりました。私が思っていた「当たり前」って、そんなに「当たり前」じゃないようです。

自分ばかりが家族の事を考えているような気持ちになってしまったり、こんなにしても誰もわかってくれないなんて思ってしまいがちですが、もっと自信を持とうと思います。**家族は、ちゃんと見てくれている。ちゃんと、私たち「お母さん」のことを、（たまには）「考えてくれている」のだと。**

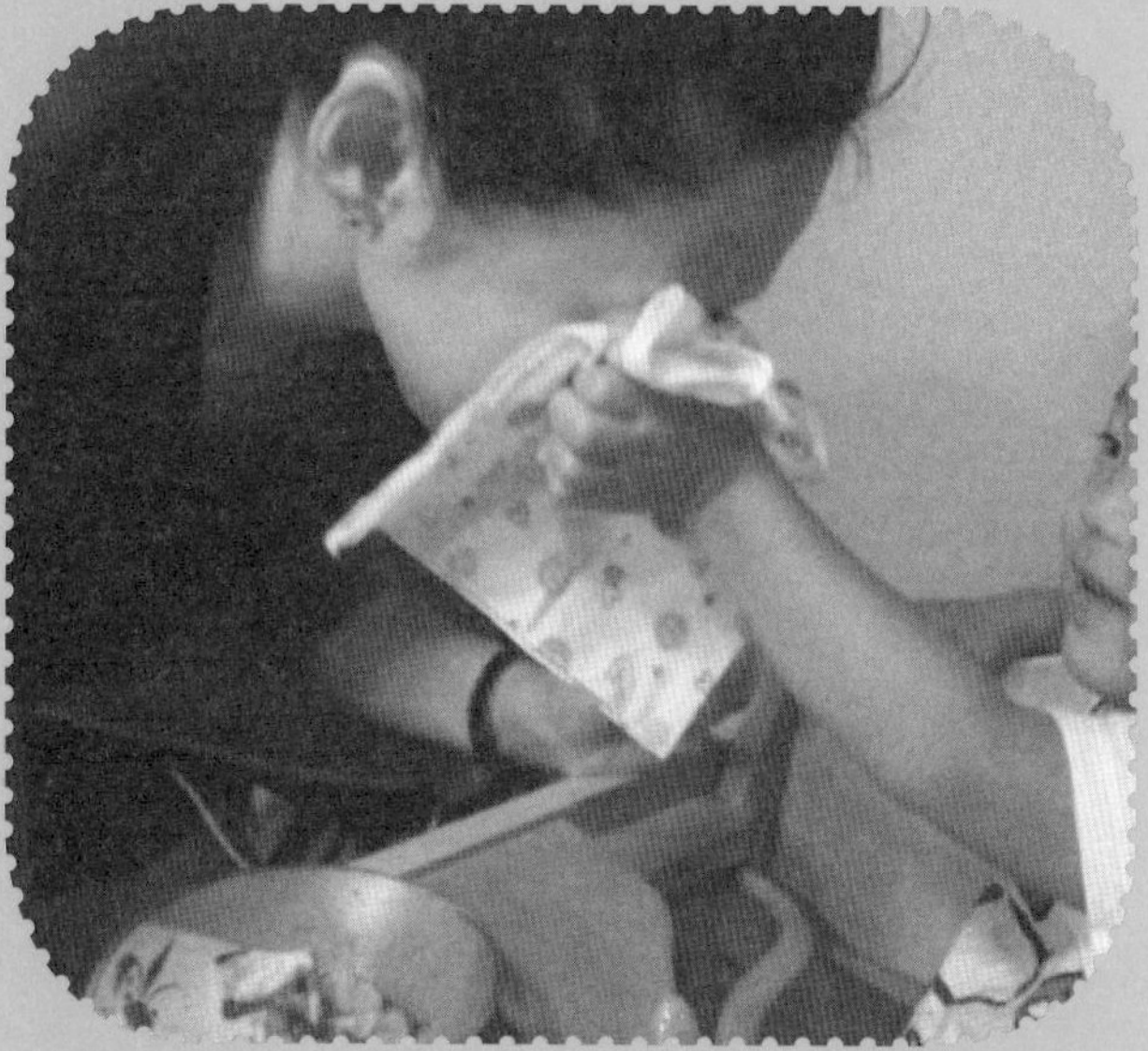

母ちゃんが大きい声で笑えるのは、
君が笑わせてくれるから。
母ちゃんが安心して涙を流せるのは、
いつも君が拭いてくれるから。
実はいつも、もらってばかり。

PART 4

子どもは
母ちゃんを
育てるために
生まれた

あの日、あの時刻。
「君」と「母ちゃん」が生まれたね。
君がちょっと動くと、
気になって触った。
君がちょっと泣くと、
不安で焦ったな。
君がちょっと微笑むと、
嬉しくて大騒ぎした。
どんな小さな事にも
涙が出るようになった。

母ちゃんは強くなった。
何があっても君を守ると。
母ちゃんは弱くなった。
君にとって「良い母か」。
君も母ちゃんも、
今、一緒に成長中。

子どもは母ちゃんを育てるために生まれた

子どもって、すごく大事なときに、必ず風邪をひくか怪我をするんですよね。

私、毎回それをやられていて、自分の楽しみにしていた予定がまたつぶれてしまったときに辛抱たまらなくなって、

大人げなくしくしくしく泣いてしまったことがあるんです。

でも、母にその話をすると
「そういうもんさ。あっこだって家族旅行の前によく風邪をひいてたよ」って、
けらっと笑われました。

そういえば、私も大きな旅行の前には必ず中耳炎か腸炎になって、
イベントを中止させていたことを思い出しました。

私は、熱で寝ている時、ほてりや痛みを感じながらもこう思っていました。

「もしかして、起きたらみんなが旅行に行っちゃってるのかな」

「みんながいて欲しいよ。一人にしないで欲しいよ」

半べそかいて「みんな、行ってきていいよ」なんて強がりを言いながら、
小学生の私の本心はこうでした。

昼寝をたっぷりして起きたあと、汗をいっぱいかいたので着替えたくて、
真っ赤なほっぺでリビングに行くと、必ず家族はそこにいてくれました。
誰も、怒らないし、旅行の準備なんて一つもしていなかったような、
いつも通りのみんなでした。

母ちゃんになった今、あのときの自分の気持ちや家族の気持ちを考えるだけで、あったかい涙があふれてきます。

寝起きながらに、家族がどれだけ私を愛してくれているかを理解したし、安心したし、家族への感謝とか大好きが、その度にふくらんでいったのです。

もしかしたら、子どもは家族一人一人を優しくするために生まれてきたのかもしれない。**大事なときに風邪をひくのは、おしごとなんじゃないかな?**

君が家族を想い、君が家族から愛され包まれているのを感じることが、家族の絆を強くする。そしてこの試練みたいな経験が、母ちゃんを優しく大きく育てるのかもしれないね。

子育てをしていたら大抵のことは起こり得る。

それが「私」を「お母さん」に変えていく「親育て」なんだろうね。

自分だけが神様に寝かせてもらえないような、
したいことをさせてもらえないような
自分ってかわいそうすぎるって気分になるときがよくあるのだけど。

子どもが大事なときに私を困らせるのは、私をどんどん広げて、
なんでも包めるでっかい母ちゃんにするために、
神様が上からまいてくれるちょっとした試練。

子どもたちの風邪のうつし合いも、夜泣きでの起こし合いも
あっちでギャーも、こっちでギャーも
そう思うと、ちょっとあきらめがつくような気がします。
まあるくなあれ。でっかくなあれ。「君」と「お母ちゃん」。

「何をしなくちゃいけないか」ではなく「何をしなくていいか」

仕事が始まって朝が早くなった。
夜が遅くなった。悩みが増えた。胃がキリキリいう。
家事がおろそかになった。ごはんがスーパーのお総菜になった。
勉強時間が取れない。書く時間が取れない。
寝る時間がない。イライラしちゃう。
なにより大好きな家族の時間が減った。

何のために仕事をするのかもわからない。
私の存在価値はなんなのかもわからない。

母親として、妻として、医者として、
全てが中途半端な人間に思えてしまってね。

苦しい日々だった。
あるとき長男が、こうやって声をかけてくれるまで。

「ママ、お仕事おつかれさま！
たろうね、はやくママに会いたいたいって思ったから
がぎーん！　ごぎーん！　ごーん！　って、
ハンマー使っていっぱいお仕事がんばったん。
そしたらママがすぐお迎えに来てくれたよ！　すごいっしょ？」

正直、言っている内容はちょっとハテナマークなのだけれど。笑。

私が毎朝「早くしなさーい！」「遅刻する！」「ママのことも考えてよ！」
「しっかり歩いて！」「自分の荷物ぐらい持ちなさい！」
こうやって怒鳴ってせかして、
パンを口に突っ込むようにして家を出るのに
長男はそれすら包んで、一日中私のことを想ってくれていたみたいです。

大事なことって何だろう。
時間通りに起きて、ぬかりなく準備して
きちんとした朝ごはんを食べさせて、自分の足で歩かせる？
こういうことが大事なことって自分の中で決めつけていたから、
思うとおりにできない子どもたちにいらつき
怒る自分にも嫌気がさしていたけれど。

君にとっては、そんなことは関係なくて、
何があっても母ちゃんへの気持ちはブレないんだってわかって
見習おうって思ったよ。

そして

「何をしなくちゃいけないか」よりも、
「何をしなくてもいいか」を考えられるようになりました。

君たちといる時間のほうが、
お片付けをしたり洗濯物をたたむ時間より、
よっぽど大切だってことに気付けたから。

やらないといけない（ように思えてしまう）**こと、**
やるのがあたりまえ（と思い込んでいる）**なこと、**
頑張ればできちゃう（けど実は結構大変な）**こと、**

誰もが当たり前にやっている（ように見える）こと、
自分だけができていない（ような気がする）こと、
子どものためにやらなくちゃいけない（とされている）こと、
子どものためにいい（と誰かが言っていた）こと、
子育てではやってはいけない（と言われている）こと、
親はこうあるべきで、そうでない親は悪のような風潮、
足並みをそろえないと、取り残されてしまうような感覚。

それってどうでもよくないかい？

全部をやろうなんて無理があるのだから。
何を捨ててやろうかって考えたら、
私にとってはどれも大したことなかったから、
ぜーんぶポイッってしたよ。

君たちが笑って、
君たちが生きていれば、母ちゃんは幸せなんだった。
さあ、今日しなくていいことを決めよう♪

傷つくと、優しくなる

あるとき、電車でふたりっ子がはしゃいでしまって、
そこに乗っていた人にイヤな思いをさせてしまったのか、
その人にすごく傷つく言葉をかけられたことがあります。

苦しくてその電車にいられなくなって、
その状況をなんとなくわかってる長男と、
なんにもわかっていない次男と、
途中下車をしました。

母ちゃん、ホームで少し泣いてしまって、
それでもおかまいなしで走りだそうとする次男をおさえつけながら、
長男に愚痴をこぼしました。
「やだよね。あんなに言わなくてもいいのにね」
なんなら、悪口でも言ってやりたいと思って。

すると長男が言った。

「大丈夫だよ、ママ、
やられてやなことが、わかったんだね？
お友達にしないようにすれば、いいからね？」

私がかけて欲しい言葉とあまりに違ったので、
泣きながらも拍子抜けして笑ってしまったのだけれど。

彼が言いたいことがすごくよくわかった。
お友達にイヤなことをされたと長男が泣きついてくる時、
決まって私がいう言葉を、
長男はそっくりそのまま、私にかけた。

イヤなことをされたら、
これってこんなにイヤなんだって気付ける。
そうしたらもうけもん。
自分は、次にそれを人にしなければいい。

単純な言葉だけど、
意味をちゃんと理解して、
自分の時には全然思いつけなかった母ちゃんに、

教えてくれました。

傷つくと、優しくなる。
傷つくと、大きくなる。

注意したり、怒ってくれる人がいるのって、
ありがたいことなんだったね。

素直な君を、
見習うね。

失敗は、頑張った証拠

「おしっこを失敗しちゃった」とき、
長男はこう言います。
「たろう、頑張ってパンツやってるからね」

そうだね。
失敗するということは、実はものすごく価値のあること。
トイレもブロック遊びもお友達との仲良しも、勉強も、
お菓子の袋を開けることさえも。

その時は「失って敗れた」と思うかもしれないけど、
その次は「得て、きっと勝つ」。

失敗はね、頑張った証拠なんだよね。

そして君の宝になる。

どんどんしなさいね。
母ちゃんがいるんだから、
安心して、ね。

8

母ちゃんが思うより、子どもはできる

道ゆく人に声をかけられることがよくあります。

「こんにちは」

「かわいい坊やね」

そんな時、大抵長男は恥ずかしくて、
無言で私の後ろに隠れてしまいます。

私は、長男が挨拶を返せないことに、いつもやきもきしていました。

「可愛くない子だ」と思われちゃうかな？

親の教育の問題と思われるかな？

挨拶ぐらいできるようになってほしいのに。

そんなある日、
道で、長男がお友達のパパを見つけました。
十メートル以上は離れているパパさんに向かって、
びっくりするような大きな声で、
長男は挨拶をしました。
「○○くんのパパー！　こんにちはーーーーー!!」
私は驚きました。
太郎って、挨拶できるんだ。
私は嬉しそうに挨拶をした長男を見て、
たった四歳の子に、

大人のような社交辞令ができるようになってほしいと、
求めていたのだと反省しました。
そして無理矢理挨拶させることをやめました。
だって彼は、できないのではなくて、
挨拶をしたい時にはちゃんとできるのだから。

それからずいぶんと気が楽になって、
イライラが減ったものです。
四歳になっても恥ずかしがって走って逃げ回ることが多い彼ですが、
それは今しか見られない、貴重な、素直な彼の姿なのですよね。
挨拶をしっかりするよりも、
照れて隠れたりする時期にも、きっと意味がある。

たまに挨拶ができると、
飛び上がって褒めてあげたくなっちゃうほど、
小さなことへの喜びを大きくしてくれてありがとう。
母ちゃんだって、
挨拶したくない人ぐらいいるもんね。笑。

「いい子」じゃなくていい、「君」で十分

私は「いい子にしなさい！」と、
いつも長男に言ってしまうのだけど、「いい子」って何だろう？

親の言うことを素直に聞く子？
親のして欲しい返答をする子？
親や周りの大人の顔色を読むことができる子？

もしかして、
「親にとって」都合のいい子になって欲しい、
楽をしたい、恥をかきたくないだけなんじゃないかって。

自分の幼少期を思うと、今の時代のどんな子でも、私よりはましです。
私は、わがままで、暴れん坊で、男の子より強かった。
でもちゃんとその都度父に怒られて、ゲンコツをもらったりもして、
仲間のいる大人にはなれました。

きっと私は両親にとって都合のいい子ではなかったけど、
親はいつでも私を信じてくれて、いつでも私をあきらめませんでした。
子どもが「いい子」を演じるよりも子どもが「自分」でいられて、
バカをやれて、堂々と恥をかける、そんな環境を作ってくれていたのだと思います。

「いい子」にできないのはきっと母ちゃんの前だから。
私が実の親にはすぐにあたってしまうように、
子どもも私にはさらけ出しているんだろうと思います。

だから私も、自分が包まれてきたように、
もう少しゆったりした柔らかい愛で、
子どもたちを包もうと思います。
子どもが甘えるのも親孝行、
子どもを甘えさせるのも大事なことだから。

ほら、
「いい子」じゃなくて、
「君」でいいんだよ。
今しかないよ、暴れなさい。

君のペースで走りなさい。
母ちゃんは後ろから、
口を出さずに（できれば）
見守るよ。
さあ、走ろう！

イヤイヤ期が来たら「来た！ 成長！」

今、次男のイヤイヤ期真っ最中です。
イヤイヤ期は、大人にとってはかなり謎で、苦しい。
どうして時間がないときに限って、
自分でやらないと気が済まないのかな。
母ちゃんがちゃっちゃとやってしまったら早いのに、
泣いて怒って暴れるんだよね。

ある時、「急いでるからママがやる！」と言って、
次男にムリヤリ靴を履かせようとした時、

長男が教えてくれました。

「イヤなんだよ。じろうは自分でできたいんだ」

ただのワガママだと思っていたし、
なんでそんなにこだわるのかがわからなかったのですが、
そうではなく、
「一人でできるようになるための努力」を、
しているだけだったんだとわかりました。
一人でできるようになって、母ちゃんを楽にする練習をしているんだね。

大人の目線で見てしまうと、
「イヤイヤ期」という名前だけど、
単なる「反抗期」の類ではなく、

彼らからしたら、

「努力期」とか、
「成長期」という段階なのかもしれません。

だから「イヤイヤ期」は、ちゃんと来ていいものだと思うのです。

むしろ今来ているならよかった。
ま、母ちゃんはつらいですけどね。

セーターのまえうしろも、パジャマのうらおもても、靴のみぎひだりも
愛しい今の君。明日への階段の途中。

教えてくれてありがとう。
今しか見られないこの成長過程を、宝だと思おう。

弟の初めての言葉は「にいに」だった。

にいには何度も聞いた。

「なんていった?」

「もう一回言って!」

にいにでいてくれて、ありがとう。

母ちゃんしか味わえない「今」のストレスを、思いっきり満喫しよう

どうして幸せなのにイライラするのかな。
どうして大好きなのに怒っちゃうのかな。
どうして笑いたいのに笑えないのかな。

よく悩んでいましたが、
子どもたちのアルバムを作っているときに、
成長の早さを実感しながら考えました。

こんなに自分の時間が取れないの。

こんなに子どもたちが暴れるの。
こんなにごはん作りができないの。
こんなに子どもたちが散らかすの。
こんなに子どもたちが必要としてくれるの。
いつまで続くんだろうか。

実はこれ、
今しか味わえないんじゃないかって。

そう思ったらね、
急に寂しくなったよ。
なんだか、「今」がもったいない気がしてね。

もしかしたら、
この「不自由で辛い」みたいな感覚は
「母親になった」証なのかな。

なんでもかんでも、
自分のやりたいように思い通りにするんじゃなくて、
不自由で苦しいって感じることも、
どこかでちゃんと我慢をするってことも、
我慢できなくなって泣いちゃうことも、
子どもと離れたいって思っちゃうことも、
実はすごく大事で、
きっとこれは「母ちゃん」への道につながってる。

今まさに君たちが、
「私」を「母ちゃん」に育ててくれているんだよね。

だから、
「母ちゃん」しか味わえない、
「今」のストレスも、思いっきり満喫しよう。

もったいない。
もったいない。

きっとすぐに、
この辛さは和らいでしまうのだから。

5
大切な人の大切な物を、愛してあげよう

「はい！　ママの大事な物！」
と長男が、小さなおててで包んでもってきてくれたのは、
ペットボトルのキャップだった。

次男が飲み込まないように、
「これ、大事大事だからね！」と言って、
次男の口の中からむりやり取り出すことがよくあるので、
長男は「このふたがママの大事な物なんだ」と思ったらしい。笑。

このかわいい行動がまた、母ちゃんをまあるくした。

長男は私が何を大事だと言っても、
決してバカにしない。
認めてくれる。
そして彼は、私の大切な物を本気で大切にしてくれる。

そっか。
大切な人を大切にするって事は、
その人の大切な物も含めて、
大切にするって事なのかもしれないな。

私なら書く事かな。

パパなら、アメカジ、革、スキー、バスケ、格闘技、フィギュア、漫画、車。
長男なら、さっき公園で拾ったビービー弾。
次男は、ボールと「パッチィ」（トーマスの友達のパーシー）。

大切な物って、
人それぞれなんだね。

自分以外の人の「大切な物」も認めてあげて、
それをお互いに大切にし合うことが、
きっと、その人を大切にすることにつながるんだろうね。

そう思うと反省することがたくさんあるな。

あの時
泥だんご（というか、崩れてただの泥だった）を、
引き出しの中に見つけた時に、
怒っちゃってごめんね。

今ならきっと。
怒るわ！

親のなって欲しいようにはならない。親のようになる

自分の子どもがこうであって欲しい、
こんな事ができるといいなと思うことはたくさんあります。
例えば、男らしくあって欲しい、
でもお友達とけんかはしない優しい子がいい。
自分が苦手な英語が得意な子になって欲しい、
体操もサッカーもピアノも勉強も心も身体も、
全て揃っていたらなあ。

理想を言ったらきりがないんですよね。

今東京に住んでいて、幼児教育の情報があふれていることに驚きます。
いろんな習い事をさせてあげないといけないような気になってしまいます。
だから、働いていて、
習い事をさせてあげられない自分を責めたりします。

でも、お義母さんがよく私に、
「親のなってほしいようにはならないよ、
親のようになるんだよ」
と言ってくれます。
私の心は、その度に楽になります。

パパが働いて、私たちを養ってくれている所をしっかり教える。
母ちゃんもできることを一生懸命やって支えている所を見せる。

そうしたら、それが子どもに対して、一番の教育になるのかもしれないと。

それからは、「子ども」中心で情報に振り回されるのではなく、
「親」として精一杯誠実に生きることが、
ちゃんと子どもの道を作るのだと思えるようになりました。

ブレずに子どもを信じて、
私たちは親としての道を進もう。

ピアノが苦手で音痴な私が、
子どもには歌手になってほしいって言ったって、
そりゃあ難しいってもんだからね。笑。

私が、どっしりゆったりのんびりと。
君の母ちゃんでいるために、
必要なのはこのぬくもり。
もうしばらくこうやって、
くっついて寝ようね。

言うことを聞かないんじゃない。聞こえないぐらい集中できる子なんだ

つい、言ってしまう。

「ママの言うことを聞きなさい！」

「なんで言うことを聞けないの！」

いつも何にも聞いてない、
いつもすんとも返事をしない、長男が初めて応えた。

「ママ、なあに？　どうしたの？」

なんと！　彼は、私の言うことを、**本当に聞いていなかったのだ。**
あんなに恐く言ったのに⁉　あんなに大きい声を出したのに⁉

逆にすごい！
そうか。
この子は言うことを聞かないんじゃなくて、
聞こえないくらい集中できる子なんだ。

つい大人の都合のいいように動かそうとしてしまうけれど、
子どもにも意志があって、気持ちがあって、今楽しんでいることがあって、
考えていることがある。
私の思い通りになるものではないんだった。
母ちゃんと同じ、人間だもんね。

それ以来、もう少しだけ、
見守ってあげられるようになりました。

「お兄ちゃん」じゃなくて、「君」だった

次男が生まれて、突然「お兄ちゃん」になった。
今まで僕だけを見ていたパパもママも、
おじいちゃんもおばあちゃんも、
弟ばかり見ているような気がする。

ある時、長男のおもちゃを、次男が壊してしまったときのこと。
なぜか腹をたてて泣く弟を一生懸命あやしながら、
「ママ、じろうを抱っこしてあげて」といった長男。

母ちゃんは胸がつぶれそうになってね。
「イヤだ。ママはいま、太郎を抱っこしたい」と言ったら、
みるみる口が「へ」の字になって、おめめに涙が浮かんだね。
ママのお腹で小さな肩を動かして泣いたね。
その時ばかりは、次男が大きく泣いていてもほったらかしてしまった。
その時に抱っこしたいのは、「お兄ちゃん」じゃなく「君」だった。

それから**「お兄ちゃんでしょ」をやめて**
「さすが太郎！」にしたんだよね。

だあれも無理するな、
「お母さんなんだから」と無理するのもやめよう。
人間だもん、その場の感情で動いて、いいんだと思う。

力を抜いてくれる、兄弟愛ソング

だいじょぶだいじょぶだいじょぶだーあ。
おにいちゃおにいちゃ　いっましゅよー。
やしゃしくやしゃしく（優しく優しく）、
ちゅぶしゃないよー（つぶさないよー）。

次男が生まれて間もない頃に、長男がよく歌っていた歌。
タイトルは「**大きなお兄が小さな弟をつぶさない歌**」だそうです。
なぜが力が抜けました。

ガチガチにきびしく固めるより、
小さな心の母ちゃんが、
大きな君の個性をつぶさないようにすることを優先しようと。

母ちゃん鬼のような顔になっている時
いつもこの歌を思い出します。
やしゃしく、やしゃしく、
ちゅぶしゃないように……。

怒りを抑えられます。

ごくたまにね。笑。

「あなたのためでしょ」じゃなく、「母ちゃんのため」

「片付けなさい」
「早く食べなさい」
「あなたのためでしょ」

恐い顔をしている母ちゃんに、長男は優しく言いました。
「ママ、たろうのために、そんなにおこらなくていいよ」

あ。

彼は、私が言った「あなたのため」を、

本当に「自分のため」だと思った。
でも私は「太郎のためじゃなかったかも」と思った。
この言葉ってもしかして、片付けたくて、時間がなくて、
人のせいにしたい「私のため」に言っていた言葉なんじゃないかな。

「あなたのためにやってあげているのに、
言ってあげているのに」って思うと、
希望通りにならないと、すごくイライラしてしまうもので。

それから「あなたのため」を、

「母ちゃんのために」に変換しています。

「ママが大変だから、お片付けを手伝って欲しいんだ」

「ママが一生懸命作ったから、食べてくれるとうれしいんだ」

「ママが太郎と次郎と遊ぶ時間が欲しいから、
早く食べて時間を作ろう」

不思議なことに、
子どもも「ママのためなら」って、
はりきって動いてくれることが多いんですよね。

ママのために
いつもありがとう。

ああ、疲れたな。
ああ、眠いな。
ああ、あったかいな。
ああ、幸せ。

「今日パパ帰ってくる？」何度も聞く君が教えてくれた大切なこと

長男は毎日私にこう言います。

「今日、パパ帰ってくる？」

その日、長男は三十九度の熱を出していました。
世間は三連休でしたが、主人は仕事で全て埋まっています。
加えて次男も風邪をひいていたため、
乳幼児二人を外に出せない三日間が憂鬱でした。

熱があるとはいえ、子どもはおとなしく寝ていてくれるわけではありません。

長男とは延々と仮面ライダーごっこをしなければならないし、
次男は何度引き戻してもキッチンに吸い寄せられ、
引き出しの中のオタマや泡立て器を熱心に床に並べてくれます。

やらなきゃいけないことはたくさんあるのに、彼らはどんどん仕事を増やす。

そんなとき
「今日、パパ帰ってくる？」
いつものように長男が私に聞きました。

少しイライラしていたのもあって、
「帰ってこないよ!!　パパなんか、なーんもしてくれないんだから、ママがいればいいじゃん！」と答えました。

自分も主人に帰ってきて欲しいし、嬉しいはずの三連休が辛い、という気持ちがあったので、あまりいい返事をしてあげられなかったのです。

すると長男は少し悔しそうにして、再び

「今日、パパ帰ってくる？」

と続けます。

「もう！　何回聞いてもパパなんか帰ってこんわ！」と私。

熱で辛いのも、パパに帰って来てほしい気持ちも

わかってあげなくてはいけないのに、

長男は私よりも帰ってこないパパを求めているような気がして、

自分の感情のままに答えてしまいました。

しかし長男は、なぜかその後も同じ質問を繰り返します。

このやり取りを何度かして、少し気になった私が「どうしたん？」と聞くと、

「ママのおへんじ、そうじゃないんだもんー!!」

と大きく泣き出しました。

彼は泣きながら

「パパ、たろうたちのために、はたらいてるんだもんー」と。

……ああ、そうか。イライラとは別のあたたかい涙が、

親としては良くないのかもしれないけれど、その場であふれてしまいました。

長男はパパが帰ってこないことなんて知っていた。ただ私に、

「パパ、頑張ってくれているんだよ。

パパ、かっこいいんだよ」と、

笑顔で返して欲しかったのだとわかりました。

私が主人を尊敬し、応援している事を確認するために、
何度も同じ質問を繰り返したのだと……。

一番大切なこと、一番あなたたちに伝えてあげなくちゃいけないこと、
ママは忘れちゃっていたんだね。

男性も育休を取るようになってきた世の中で、
それができる企業はもちろん素晴らしいことだし、
うらやましいなと思いますが、お金や職業や立場上、
子どもに合わせた時間を作ることが叶わないお父さんたちもきっと多い。

例外ではない主人に
私は「イクメンじゃない」とか、

「手伝ってくれない」というレッテルを貼っていたのかな。

少なくとも長男は、
パパが自分たちのために仕事をしてくれることを、
立派な育児だと認めてあげていたのです。

そして私には、
パパが頑張ってることをわかってあげてほしかったのだと思います。
いろんな家庭がある中で、家族一人一人がその家庭での役割を果たし、
お互いを理解し合った中で、子どもが育つということ自体が、
子育てなのかもしれない。
どんな仕事か、誰が働いて養うか、そんなことは、
自分の家族が一番好きな子どもにとって大きな問題ではないようです。

ついついあふれる情報に振り回されてしまいますが、
決まりはないし、
比べる必要もないのですね。
我が家で言えば、**主人が仕事を頑張ることも、**
家族を養う親父の背中を私が子どもたちに見せることさえも、
彼らのためにしてあげられる育児になるのだとわかりました。

長男のおかげで、
大晦日から元日にかけても勤務が入っている主人を、
笑顔で送り出してあげられそうです。
きっと彼らが見たいのは、そういう私だと思うから。

熱があって苦しいのに、一番大切な人を大切にできる、彼の強さと優しさを感じました。

毎日ピュアな心で親育てをしてくれる子どもたちに感謝をしたエピソードです。

予定が中止になったら、子どもにとって今までで一番いいGWになった

今年のゴールデンウィークは、まとまった休みがないこともあり、一日だけ、日帰りで予定をたてていました。

パパと出かけられることを楽しみにしていた長男は、前日から大はりきりで、いつもより少し早く十九時には就寝しました。

その夜、パパが遅く帰ってきて、明日は予定をキャンセルして仕事に行かなくてはならなくなった事を知りました。

私は、長男に明日出かけることを話してしまっていたし、悲しがるだろうと思って、どう言おうかと考えながら残念な気持ちで眠りました。

翌朝、長男は五時半には起きてきて、
第一声に「ママ、もうお弁当作った?」。
私は**「今日はね、パパがお仕事になっちゃってね、行けなくなっちゃったんだ」**。
パパの仕事の内容を理解している長男は、悲しさと悔しさで涙を流すものの、やり場のない気持ちと格闘しているように見えました。

私はなんとか長男に喜んでもらおうと、
「お弁当を持って近所の広場でピクニックをしよう」と提案しました。
長男はなかなか切り替えられず、
「なんでたろう(自分)たちだけいつもの広場なの」と。
私は「パパがお仕事なんだから仕方ないでしょう!」ばかりでした。

無理矢理納得させようとしていたのだと思います。
十数分間その様なやりとりが続き、
もういい加減にして欲しいと思っていたときに、
消防車のサイレンが聞こえてきました。
すると長男がハッとして言いました。

「しょうぼうしゃ（消防士）さん、おやすみじゃないの？」

私は「そうだよ。火事はいつどこで起きるかわからないから、
働いてくれているんだよ」と答えました。
「自分たちだけが、お休みがいつも通りでつまらない」と思っていた彼は、
「消防士さんもいつも通り働いてくれているんだ」と気付いたのです。

私は提案を変えてみることにしました。

「太郎がお出かけするところにはね、
太郎のために休まずに一生懸命働いてくれる人がいるんだよ。
どんな人が働いてくれているか、見にいってみようか」

「やったー!! 行こう!!!」

太郎は大はりきりで、いつもの商店街に向かって駆けていきます。
次男を乗せたベビーカーも加速して、彼の学びが始まりました。

彼の言い方で、どんどん見つけます。

いつものめがねやさんのおにいちゃん、
おさかなやさんのおじちゃん、
かみのけきってくれるおにいちゃん、
おそばのおにいちゃん、

こんびにさん、けーきやさん、しゃしょう（車掌）さん、バスのうんてんしさん、太郎の好きなポリスメン（警察官）

商店街を歩いただけで、
彼はたくさんの人が働いていることに気がつきました。
自分のパパだけがお仕事になって、
今日は自分だけが楽しくない、
そう思っていた少し前の彼はもうそこにはいませんでした。

私が気がつかなかった人たちのことも、
彼が発見して教えてくれました。
「いつもの公園のおじさん、収集車でゴミを集めてくれたおにいさんたち、このおもしろい人たち（TVで見た芸人さん）もだよ！」

私たちがお休みを楽しむために、
休みをとらずに働いてくれる人がいるということ、
休みが世間と同じように取れない人たちがいるということを、
この日彼は学びました。

この歳でできる一番意義のある休みの使い方ができたような気がします。

一生懸命働いてくれるパパや、
長男のキラキラの目に飛び込んでくれたみなさんに感謝した一日でした。

そして、ワクワクしながらであれば、親がわかってほしいなと思うことを

子どもは自分から学ぶのだとわかりました。

普段のものの言い方を少し変えてみようかなと、反省する母ちゃんなのでした。

ごはんをいっぱい食べられるようになった。
歯がそろった。
転んでも泣かなくなった。
靴下がはけた。
背が伸びた。
おねがい、もうちょっと待って。
はやいよ。

PART 5

愛しのダンナさま。女の定義を広げてください

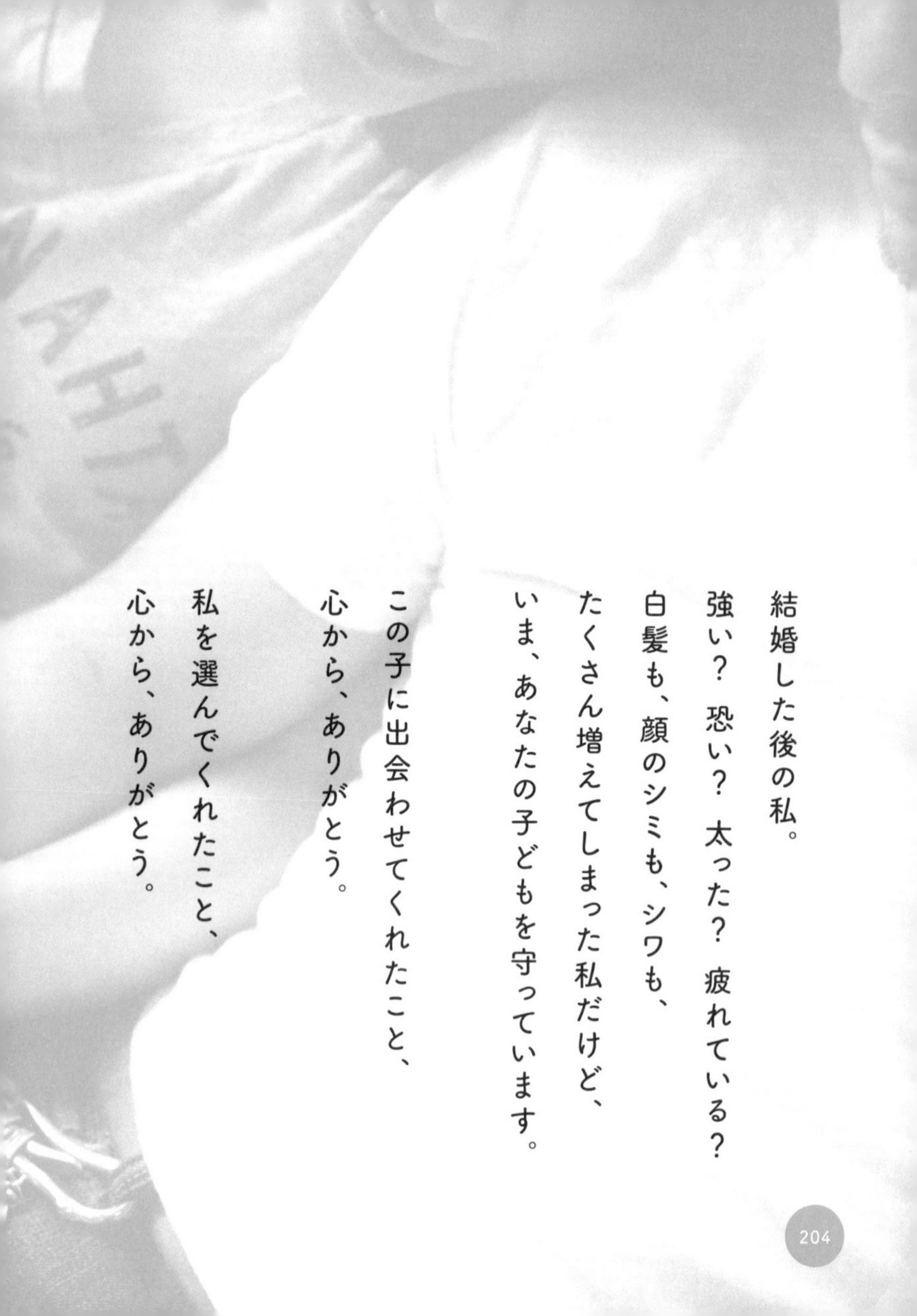

結婚した後の私。
強い？　恐い？　太った？　疲れている？
白髪も、顔のシミも、シワも、
たくさん増えてしまった私だけど、
いま、あなたの子どもを守っています。

この子に出会わせてくれたこと、
心から、ありがとう。
私を選んでくれたこと、
心から、ありがとう。

06 産後の悩み、おたがいさま（奥様へ）

よく、相談をされます。

「子どもが生まれて、パパを大切に思えなくなった」

もっと過激な表現のことが多いですが、少しマイルドにして書きました。

実は私も、長男が生まれた後、

子どものことしか考えられなくなってしまった時期があります。

主人はどう思っていたのだろう？

今まで私があなたにしてきてあげられていたこと、
今まで私があなたに見せてきた笑顔。
今まで私があなたにかけてきた言葉。
今まで私があなたに伝えてきた愛。

これが、突然なくなって、
いくら赤ちゃんとはいえ、私がそちらばっかりになってしまったら。
私から少しのことで怒られたり、
ましてや嫌悪をあからさまに出されるなんてことがあったら。

そしてそれが、もしも立場が逆だったら？
私、悲しくて、泣いてしまうなって。

そりゃあね。
産んだのは私たち女性だから。
私たちにとっては、
出産という大きな大きな人生の大仕事を終えて、
第二の人生「さあ行くぞ」って、
ちゃんと切り替えるポイントがある。

男性はどうなんだろう。
いくら愛している奥さんが、自分の子どもを産んでくれたってわかっていても、
感謝していたとしても、ここぞという切り替えポイントもわからないまま、
自分の仕事や生活は淡々と続いていくわけですよね。

家族が増えて、「さあ父ちゃん頑張るぞ」って時に、

今まで私が100%注いでいた彼への愛が、
突然1%になっちゃったと感じたとしたら、
彼は、辛かったんじゃないかなって。

もしかしたら、
突然自分だけが枠から外れたような気持ちがして、
彼は、不安だったんじゃないかなって。

すごくすごく、
ごめんねって。

だから女性には、
「逆だったら」って考えてみてくださいと言ってます。

産後のイライラや疲れは、
どう頑張っても、つきまとうけど、
それを、100%ぶつけるのはやめとこう。
85%にしよう。
そうしたら、二ヶ月後に60%にできるかもしれないから。

長男の時はそれに気付けず、子どもを守る動物的本能に従ってしまった。
次男の時からはこの時期が終わった後のことを想像して、
意識して、むりやり主人を第一優先にしていました。
それでも全然足りなかったと思うけど。

たとえ心でむっとしているときも（笑）、
子どもには、セリフのように「パパが一番偉いんだから！」。

子どものことは、ほっといても大事にできるのだけど、
この時期は、意識しないと、
パパが「子ども様以下」になってしまうから。

子どもたちがパパを尊敬したり大好きになって、
パパの居場所を作ってあげられるように。
パパが少しでも、家に帰ってきたいと思えるように。
私ができることをしています。

産後に悩むのもきっとみんな一緒だけど、
意識するかどうかで、少しは変わると思ってる。

あなたが選んだ、

あなたを選んでくれた、
あなたに子どもを与えてくれた、
大切な人だから。

ね、
大切な、
たった一人のご主人だから。

私の髪をさわってくれるのも。
私の涙をふいてくれるのも。
こんなに近くで笑ってくれるのも。
この先ずっとあなたしかいないのだから。
ちゃんと、大切にしようと思う。

産後の悩み、おたがいさま
（ご主人へ）

ご主人にも、どうか伝わってほしいなと思うことがあります。
奥様が出産されて、きっといろんな事が変わりましたよね。

ごはんのメニューや「いってきます」が変わる。
夜帰ると寝ていたり（しかもとんでもなくはだけていたり）、
泥棒でも入ったかというお部屋だったり、
外食もろくにできなくなるし
寝かしつけ中に音をたてたら怒られるとか。

今までしてもらっていたこと。
今まで見せてくれた笑顔。
今までしてきた会話。
今まで伝えてくれた愛。

ご主人に注いできたものが、赤ちゃんにばかりになってしまって、
奥様が突然豹変したように、きっと思われるでしょう。

それは、本当にごめんなさい。
「産後の女性」を経験した私からも、心からお詫びを。

「産後に凶暴化するのは
子どもを守るための動物的な本能で、ホルモンのせい」

それを受け入れろったってねえ。

ホルモンの影響を理解してほしいと言いたいのではないのですが、
産後はこんなふうになってしまうことが多いのです。

良かれと思って取った行動を叱られることもあるかもしれない。
今まで当たり前に言っていた言葉が、奥様をイライラさせてしまうかも。
隣の家と比べてしまって、ケンカをすることだってあるでしょう。
時には辛いなとか、時には嫌いだなって
思ったり、ね。

でもこれだけは、わかって欲しいのです。
あなたが選んだ、
あなたを選んでくれた、
あなたが愛している奥様。

彼女は、愛するあなたの子どもを、
長い間お腹で温め、恐るべき痛みに耐えて産み、
そして今、必死に守っています。

ちょっとおこがましいでしょうか。
私たちの変わってしまったところだけではなく、
愛するあなたの子どもを守っていることを認めて欲しい、なんて。

ただ、「今の私」だけでなく、
すこうし、長い目で見てほしい。
すこうし、女の定義を広げてほしい。
すこうし、ホルモンのせいにさせてほしい。

子どもの育て方なんて、私たちにだって、わかりません。手探りなのです。
合っているのか、不安でたまらなくなることだってよくあるし、だからこんな本を手に取っているのだろうし。笑。

そう、こんな本を手に取って、何とかしようとしている、
あなたのかわいい奥様を、
すこうし、
すこうし、
見守って下さい。

あなたがめげずに好きでいてくれる、
その自信は、彼女の一番の追い風です。

あなたが選んだ、あなたを選んでくれた、
あなたの子どもを産んでくれた、大切な人だから。

ね、
大切な、
たった一人の奥様だから。

うれしいのは、「考えて」くれること

私の主人は、平日は子どもが寝てから帰ってくるし、休日も当直や他の仕事があり、ゆっくり家にいられることがあまりありません。不満がないと言えば嘘になりますが、思いっきり怒りをぶつけてやろうとは思わないんですよね。

なんで彼に対してイライラしないかと考えたら、本質を見てくれていると感じるからです。

例えば、主人が帰ってきたときにお部屋が散らかっていたら、私は「ごめんね」「何度も片付けたのに」「昨日はピカピカになっていたのに」と、

言い訳をしてしまうのですが、
主人は「**あいつら元気にやったな**」と言います。
私を片付けができない人ととらえるのではなく（本当はそうなのだけど。笑）、
二人がおもちゃを取り合って、投げ合って、走り回って戦いごっこをした、
今日も私が二人を守った証拠として、疲れていながらも受け入れてくれる。

帰ってきたときに子どもと寝落ちしてしまっていたら、
私「ごめんね」「疲れちゃって」。

主人「**あの二人を寝かすのは至難の業だからな**」。

お風呂に入れた後にオムツをはくまいと逃げ回る次男、周りでギャーギャー騒ぐ長男、この二人になんとか服を着させるも、気付けば私は裸で髪もびしょびしょのまま。

寝かせようとすると子どもたちがベッドで跳ねて、どちらかがベッドから落ちて泣いて、私がどかんと怒って、歯磨きもままならないままなんとか押さえ込んで、

一緒に寝落ちしてしまう。こういうことを、「なんとなく」だけれど、「想像して」くれるのです。
女として「できない」と思われたくないな、もっといい奥さんになりたいのにっていう私のちっぽけなプライドを、傷つけないようにしてくれているように感じます。

洗濯をしてほしいんじゃない、
料理を作って欲しいんじゃない、
ずっと家にいてよなんて言わない。
ただただ、休憩時間や、通勤の時間、
帰ってきて家ががっかりするような状態のときでも、
ふと「子どもたちと格闘している私」の様子を、
「想像してくれる」「考えてくれる」ことだけで、

私は「子育ての孤独」から救われます。

大切なのは、相手が何をしていたか、
どれだけの家事や仕事をこなしたのかではなく、
どんな一日を過ごしたのかなって、
お互い「考えて」から言葉をかけることなのだと思います。

私のことを「考えて」くれることが、
何かを手伝ってくれることよりもずっと、
私を満たしてくれています。いつもありがとう。

「そのまま」に保つことは、「すごい」ことだと気づいて欲しい

家に帰ってきたときに、出かけたときと同じ状態だったら奥様に「頑張ったね」って声をかけてあげて欲しい。

引き出しの中身を全部出す、台所では足にまとわりつく。
なんだかわからないけど泣きわめき、
トイレに行ったら泣いてしまうから一緒に連れて行く。
何十回と抱っこと下ろすを繰り返す。

家を「そのまま」に維持するのって、大変なこと。

頑張って、何度も片付けて、ようやく「そのまま」。

主婦は仕事をしても、していないように見えてしまうんです。

でも、予想の範囲を超えた行動をする子どもたちを、「見守る」「抑える」「生かしておく」ことって、**実はすっっっっっっっごい、大変。**

私は働いているけれど、仕事がどんなに忙しくて、一日中何も飲めなくても食べられなくても、トイレに行けなくても、つらいことがあっても、成果や感謝、自分の存在は感じられる。

大人を相手にする仕事のほうが、
よっぽど精神的に楽だと思うことがよくあります。

だから専業主婦は楽なんて全く思えません。むしろすごいなって。
昔の、外での仕事をしない世代のお母さんたちに、
たくさん子どもを産んで、守ってくれて、私たちまでつないでくれて、
本当に、ありがとうと思います。

子どもが「パパ、パパ」と寄ってきてくれるなら、
奥様が、あなたのいないときに、
パパを思いやっている証拠。

子どもたちが今日もすやすや眠っているなら、

今日も奥様が、あなたの大切な子どもたちを頑張って守ってくれた証拠。

子どもが問題を起こしたなら、
それだって生きている証拠。

「そのままでいい」じゃなく、
「そのままがいい」って思うことができたら、
まるごとが愛しくて、ありがとうしか言えなくなる。
いつも、ありがとうね。

親しき仲に必要なものは、相手を思いやる優しさ

血のつながりのない、もとは他人の二人が一緒に生活をするって、すごいことだと思います。今までの価値観や生活習慣をガラッと、変えなくてはならないわけだから。

親しくなると思いやりに欠ける行動が増えてしまいますが、私には、あるときから心がけていることがあります。

ひとつ目は、子どもたちにパパを尊敬してもらうこと。

「パパのおかげでおうちがあって、ごはんがある」

ふたつ目は、自分の親や友達に、主人の悪口を言わないこと。

だって、言っている自分がかっこ悪いし、私が言われたら悲しいから。

（お義母さんには、愚痴を言うときもありますが。笑）

いい人でもない、できる奥さんでもない私が、

どうしてこうできるようになったかというと、

きっかけをくれたのは主人のほうです。

「家のことは全部あっこ（私です）がやっている」。

「俺はなんもできない」。

と、周りに言っていると、誰かから聞いたことがあって。

（今はどうか知りませんが。笑）

きっとそんなことはないし、
帰ってきたら手伝ってもらったりもするし、
私も至らない部分がほとんどなのに。

たとえば家事も育児もたくさん手伝ってくれるけど、
「いつもやらされてる」とか、「嫁が恐いから」とか、
「風呂掃除と料理は俺担当」とか、
周りに辛そうに言っている男性よりよっぽどかっこいいな、と。
そうして優しくしてくれたので、私も優しくなろうと決めたのです。

奥様を周りに下げて見せたがるのは、
自分をあげることにはならず、

むしろあなたを下げてしまっているかもしれない。

それは私たち女性も同じ事。

相手をあげると、自分もあがる。

自分の親や友達は、絶対自分の味方なのだから、
それ以上何かを言わなくてもいいと思っています。

親しき仲に必要なのは、
相手を思いやる優しさ。
それが巡って、みんなが優しくなる。

「いつか私が結婚したいような人間になってくれるのを見守る」だけでいい

私は、長男がする戦いごっこが苦手でした。
「フリ」ではなく、実際にお友達や私に当たったり、
盛り上がるとコントロールがきかないことがよくあったからです。
いつも「やめなさい！」
いつも「今○○くんに当たったたでしょ！　ごめんねしたの？」

私は、お友達に怪我をさせないかどうか、
お友達や親に嫌われてしまわないか、
自分の育て方が悪いと思われないか、

いつも周りを気にして息子の戦いごっこを
やめさせる事ばかりを考えていました。

あるとき、また私に長男がパンチをしてきました。

私は感情的になって、大げさに痛がり、いつもよりも大きな声で怒りました。

「やめてって言ってるのに！　どうしてわからないの！」

長男は心配そうな顔になりました。


たまたまそばにいた主人は、私の怒りように少し様子を見ていましたが、
太郎は謝れないし、少し沈黙が続いたのでこうやって話し始めました。

「太郎、お前は何のために戦ってるんだ？」

太郎は答えません。

しばらく待つと

「たろう、正義の味方になりたいから」と言いました。

主人「**正義の味方って、誰を守るんだと思う？**」

太郎「まちのひとたち」

主人「そうだよね。あとは？」

太郎「あとは、お友達」

主人「それも合っているね。でも一番大事な人を忘れていないかな？」

太郎「？」

主人「**ママでしょ？**」

太郎「……」

主人「パパも太郎ぐらいの時期はいつも戦っていたよ。

大事な人を守らないといけないからね。太郎も一番大事なママを、

次郎と二人で守らないと。パパ、おうちにいないことが多いけど、

太郎がいるから大丈夫だと思ってたんだよ。

それなのに、ママを攻撃しちゃったらいけないんじゃない？

正義の味方にはなれないよ。悪者になりたいの？

太郎が守ってあげないとママはつぶれちゃうんだよ」

太郎は、うん、うん、と涙を流してから、私の所に飛びついてきました。

「ママ。ごめんね。たろう、**ママを守るために、**

もっともっとたたかうね」

えー!! 戦うの？(笑) と主人と苦笑いしましたが、少しすっきりしました。

どうして戦いごっこをしてお友達とケンカをしたがるのかわからないし、

本当にやめて欲しいという気持ちがあったのですが、

「戦うのは大切な人を守るため」なのだとわかったら、

逆に彼にとって必要な事のように思えてきました。

そして、主人が私にこう言いました。

「俺も小さい時こうだったから。おかんが言ってたでしょ？

太郎も戦わせてやろうよ」

確かにお義母さんはいつも、主人の戦い話を楽しそうにしてくれる。

その時私は、戦いをやめさせようとするのは、

「自分の子どもはこうであってほしい」という希望を、

息子に押しつけているだけなのかなと思いました。

「優しい子だと思われてほしい」

「優しい親だと思われたい」

「おもちゃをすぐに貸してあげられてほしい」

「大人のように人に優しくできて欲しい」

「人がどう思うかを考えて行動ができて欲しい」

戦いごっこだけでなく、

色んな事を自分の思い通りにしたかっただけなのかもしれない。

そうか。

「今私の思い通りになる息子を育てる」のではなく、

「いつか、私が結婚したいと思えるような人に、なっていくのを見守る」だけでいいのだと。

「今大切な人を守るため」あるいは、

「将来出会う大切な人を守れる男になるため」に男の子は戦いごっこをする。

義両親のように、

息子の意見を聞き、考えを理解し、認め、応援、協力し主体性を育ててあげよう、

そしていつか、

私とも仲良くしてくれるような、素敵な女性に選んでもらえる男になるように、

少し、戦いを見守ろうと思える出来事でした。

針の先で刺した穴のように視野が狭い私ですが、
子育てだけでなく、私の人生においても重要なポイントで
力や気付きをくれる主人を尊敬します。
こだわる信念、こだわらない勇気、毎回はっとさせられます。
息子たちも、パパみたいに自分の選んだ大切な家族を守れる人になれるよう、
母ちゃんは見守っていこうと思います。

さあ、今日もいっぱい戦っておいで。

あれもこれも口や手を出すより
少しソワソワしながらでも
見ていないふりをすること。
それが一番の、
思いやりかもしれないね。
伸びやかに、大きく
羽ばたけるように。

母ちゃんの幸せと、子どもの幸せは違うと知ったパパからの言葉

次男が生まれてから、長男は「いい子」でした。

次男をかわいいと言って抱っこしてくれるし、
「ママ！　ほら！」と、
うれしそうにオムツを持ってきてくれました。
主人が家にいないことが多いので、私は毎日長男に救われていました。

一緒に次男をかわいがって、
一緒にオムツを替えて、
一緒に幸せを感じる。

私にとって当時三歳の長男の存在は大きいものでした。

ただ、長男が無理をしているのではないかと、

いつも「太郎が先ね」とか「無理しなくていいんだよ」とか、

長男を優先するような声かけを心がけて、

なるべく長男を第一に考えているつもりでした。

長男も、私が褒めると、照れながらも嬉しそうにしました。

ある時、私は「お風呂のお湯をためてくるね」と長男に言い、

次男を抱っこしたままお風呂場に向かいました。

蛇口からいっぱいお湯を出して、リビングに戻ろうとすると、

ちょうど主人が帰宅し、玄関で長男がお帰りなさいをしていました。

主人は何も言わず、まず長男を抱っこしました。

長男は主人の首の後ろに手をからめて、
思いっきり、これ以上くっつけないぐらい密着していました。

「お兄ちゃん、甘えんぼだねえ」

何気ない私の言葉を受け、
主人はこう、長男に言いました。

「好きで兄ちゃんになったんじゃないもんな。別に甘えんぼじゃないよな、普通んぼだよな」

長男は、くっしゃくしゃな顔になりました。
「ふつうんぼってなあにい〜」。
ゲラゲラ、大きく、笑いました。

あれ、長男がこんなに笑っているのっていつぶりだろうか。

私は、少し考えてみました。
そういえば長男は、次男が生まれてからいつも、
「うれしそうに」「にっこりと」笑っていた。
お手伝いをしてくれたことを私が褒めると、
「照れたように」「にっこりと」微笑んだ。

あっ!! そうだ!

太郎って、こんなふうに笑う子なんだった!

そのとき長男は、「お兄ちゃん」としてではなく「彼自身」として、
思いっきり、安心して、子どもらしく、はしゃいだのです。
私が感じていた幸せは、
「太郎が弟をかわいがってくれてうれしい」とか、
「太郎がいいお兄ちゃんになった」とか、

「今度の育児は、一人じゃない」とか、
「主人がいなくても子育てが寂しくない」とか、
自分を満たしているだけのものだったのかもしれない。
太郎のことを「お兄ちゃん」どころか、
「主人の替わり」のように思っていたのかな。
太郎が一番、ママを必要な時期なのにね。
きっと、お手伝いをして「褒められる」ことが
ママの目を自分に向かせる彼なりの手段だったんだ。
本当は「褒められる」よりも「愛されている」自信が欲しかったのにね。
長男の心からの笑顔を見た私は、それに気づきました。

そういえば、
私が次男に「かわいいかわいい」と、ぎゅーっとする時にも、

主人は必ず長男に「おいで」と言って彼を抱っこしているなあ。
今もそうだ。私が次男を抱っこしてお風呂に行ったから、
主人は長男を抱っこしている。

太郎、ごめんね。
お風呂からママたちが帰ってくるの、一人で待ってたんだね。
なんて視野のせまい母ちゃんだったことか。

ママが突然、次郎ばかりを抱っこするようになって辛かったね。
ママから突然「お兄ちゃん」と呼ばれるようになって辛かったね。

ママね、パパのおかげで、太郎こそ思い切り抱っこして、
ゲラゲラ笑わせてあげなくちゃいけないいんだってわかったよ。

さすが、太郎のパパだね。

主人は私に何も言いません。
きっと次男が生まれて、私の頭が次男でいっぱいになっていることを、
仕方のないことだと思っているのだと思います。
だからこそ、自分は長男に、
めいっぱいわかりやすい愛を示そうとしていたのだろうと。

たった一言で、
お兄ちゃんと言われるときの気持ちとか、
息子からの親に対する思いとか、
親としての視野の広げ方を、
強烈に気付かせてくれる。

またまた、ありがとう。
またまたまた、よろしくね。

248

ごはんを食べてくれない息子との食事が楽しみになった、パパからの言葉

最近長男が、「ごはん食べたくない！　たろう、おかし食べる！」と、ろくに食事をしないで間食ばかりしてしまうのです。

その日も、いつものように私と長男、次男の三人で夕食を取っていました。手がかかる次男の近くに私が座って、困惑しながらも手づかみ食べを見守っています。すると、玄関のドアが開き、主人が帰ってきました。平日の子どもたちの食事の時間に帰れることはとても珍しいので、子どもたちは大はしゃぎでした。

しばらくして、ごはんをまだ全体の二割も食べていないうちに、

いつものように長男が

「もうおなかいっぱーい！　アイスにしよ！」と言いました。

私は、こう言われることに慣れてしまっていたのと、
次男がまき散らかすお米や汁物の処理に気を取られていて、
この発言をあまり深く受け止めてあげられませんでした。

そこで主人がゆっくりと立ち上がり、
ソファへ移動してから長男を呼びました。

「太郎、パパの膝に座って。少し話そう」

アイスを食べたくて仕方のない長男は、

アイスを取って行こうとしたのですが、主人はそれをさせませんでした。
長男は今アイスを食べさせてもらえないことに癇癪をおこし怒って泣いて、主人の膝に乗るまで時間がかかりましたが、
やがて長男と主人は向かい合って、目を見て話し始めました。
私はといえば（ごはんを食べないのを怒ってくれるのかな）と、内心にやにや。

パパ「太郎、よくママにプレゼント作ってあげるよね？」
太郎「うん、今日もね、お花とって、かみでつつんで、あげたの」
パパ「ママ、なんて言った？」
太郎「ママ、うれしいっていった。そこにかざってあるよ！」
と一輪ざしを指さして。

パパ「じゃあね、ママが、太郎のプレゼントなんかいらない、
こんなお花じゃなくて他のがいいって言ったらどんな気持ち？」

太郎「……（ショックを受けて）いやだあ」

まぶたから顔全体が真っ赤になって涙があふれてきました。
もともとご機嫌ナナメなことも要因ですが、この会話だけで本気で傷つき、
ショックを受ける子どもの想像力はすごい。

パパ「**ママが毎日作ってくれるごはんはね、**
お前へのプレゼントなんだよ。
太郎が喜んでくれると思って、嬉しい気持ちで作ってるんだ。
それは、お前がママのためにお花をつんでいるときの気持ちと同じだね」

太郎「うん……（泣いている）」

パパ「ママはね、お前のために一生懸命作ったプレゼントを、
いらないって言われて毎日自分で捨ててるんだよ。どんな気持ちかな」

太郎は大きな声で泣きました。「ごめんなさいママ～」と言いながら、泣きました。

主人の言葉、向かい合う姿勢、プレゼントという言葉。

全てが、長男に染み込んでいくのがわかりました。

しかし長男は泣きながらこうも言いました。

「ママといっしょにたべたかったんだもんー、あちゅまれしてほしいんだもんー」

今度はこれが私に刺さりました。

正直、毎日の食事では次男にばかり気を取られていました。
ごはんをこぼすしまき散らすからといって、
自分はほとんど座らず片付けてばかり、ゆっくり食べることもなかった。
「お兄ちゃんは自分で食べられるから偉いね」という本意は
「一人でしっかり食べてね」だったのかもしれない。

次男も一緒に食事をするようになってから、そういえば長男は、
「あちゅまれして」と言わなくなった。
「あつまれ」とは、お皿に散在しているごはんをスプーンでかき集めること。
昔はよく言ってたけど、成長したんだなあなんて勝手に思っていました。

でも違った。ママこそ本当にごめんなさい。
ごはんを食べなくなってしまったのには、とても大きな理由があったんだね。

どんなに凝ったごはんより、ママが君を想って、ちゃんと一緒に食べることが、一番のプレゼントになるんだね。長男は「あつまれ」をしてほしかったんだ。三人でいるのに、ひとりぼっちを感じていたんだ。と気付けたのです。

それから私は長男とのごはんが楽しみになりました。「**ママのぷれじぇんとぜーんぶピカリン**（残さずキレイに食べること）しちゃうもんね〜」とはりきってくれています。

普段はほとんど家にいない主人ですが、彼もこうして大きなプレゼントをくれます。家族のことをよく見てくれている、それが本当にありがたいし、一番効果的な育児をしてくれていると思います。

オムツを替えるよりミルクを作るより、ずっとね。

いいかい。
よく聴き、見ておくんだよ。
この声、この大きい背中。
命は有限。いつ誰がどうなっても後悔しないように。
今を、この瞬間を、
精一杯、強く、たくましく、
生きなさい。

一人で朝まで眠れる夜が来てしまった

去年のことです。**長男の調子が悪く、二、三日微熱が続きました。**近医でウィルス感染や溶連菌のチェックなどをしていましたが、全て陰性で、原因がわかりませんでした。ただ症状として皮膚がガサガサしていることもあり、溶連菌感染であろうということで、抗生物質をもらって家で様子をみていました。そのあと少しして、彼が足を痛がるようになったので見てみると、左足の薬指が赤く腫れていました。私はハッとして、一週間前の出来事を思い出しました。

一週間前、彼は左足の薬指に怪我をしていました。家でトイレのドアを手前にひいた時にこの指を挟み、痛くて泣いたのです。爪のわきから少し血が出ていたのですが、私と主人はいつものことだろうと「大丈夫だよ。男だろ！」と言って少し消毒をし、「いたいのいたいの飛んでいけ」をしました。それから普段通りに生活をし、走り回ったりジャンプをしていた長男ですが、どうやら我慢の限界が来て、やっとその時に「痛い」と教えてくれたようなのです。

私はその一週間前のエピソードを思い出して、**（もしかしたらあのとき、指が折れていたのかもしれない、もしくは感染があるかもしれない）**、そう思って今度は近くの整形外科に連れて行きました。そこではレントゲンを撮ってもらって、折れていないことがわかり、排膿も必要ないと言われました。

私は心で（でも、何か変だ。一週間も熱と痛みが続いているからできれば採血をして炎症の程度を確認したい、大きい病院に行こうか）と思っていたのですが、物わかりの悪い母親だと思われたくない、医者のくせにと思われたくない、そんなプライドが邪魔をして、先生に相談をすることができませんでした。たしかに、少し赤く腫れている程度だから、まあいいかと。抗生物質の軟膏と内服を続けてまた休み明けに診てもらう約束をして家に帰りました。

そこから運悪く連休が三日間ありましたが、私は「抗生剤も飲んでいるし、排膿もいらないいし、折れていなかったし」と自分に言い聞かせ、休日の病院に行くことはしませんでした。自分が医者であるという事で、うるさい母親だと思われないか、救急の先生に迷惑にならないかなとか考えてしまって大きい病院に連れて行くことができなかったのです。本心は、「恐い、はやく救急病院に連れて行きたい」と思っていたくせに。

やっと休みが明けて整形外科に再診の日になりました。朝一番で予約をしていたので長男を起こしに行くと、長男はすでに起きていて、ぐったりしていました。そして顔や四肢、体幹部全てを、細かくてザラザラとした汚い発疹が覆っていたのです。私はそれを見た瞬間血の気が引き、急いで入院の準備をして、自分の勤めている大学病院に長男を連れて駆け込みました。

「敗血症疹」

皮フのガサガサは、敗血症に伴う症状でした。敗血症とは、本来無菌であるはずの血液の中に細菌が入り込み、全身にまわってしまうという命に関わる病態のことです。すぐに患趾に対して全身麻酔で緊急切開排膿。おそらく爪はなくなるだろう、場合によっては趾を切断する可能性があるという話までされました。

私は頭が真っ白になり、自分が何をしていたのか、自分がいったい何なのか、自分に生きている資格があるのかわからなくなり、**パニックを起こしてしまいました**。彼の手術中、がんばれとか、大丈夫とか、希望を持つ事なんてできず、ただただ自分を責めていました。

あの時、彼が足をはさんだとき、どうしてもっと真剣に洗ったり消毒をしなかったんだろう。

あの時、「男なんだから我慢しよう」と声をかけたとき、もっと優しい言葉をかけられていれば、長男はもっと早く「痛い」のSOSをくれていたのかもしれない。

あの時、連休に入る前に不安だったくせに、どうして紹介状を下さいと言わなかったのか。

あの時、連休中、長男の様子がおかしいと気づいていたくせに、どうして大きい病院に行かなかったのか。

私は、何をしていたのだろう。

私は、何を見ていたのだろう。

私は、医者である前にこの子の親でいられたのか。

あの時、あの時、あの時、

何度もチャンスはあった。
あの時に大学病院に運んでいれば。

考えると、今でも悔しくて申し訳なくて恐ろしくて、動悸がして涙が止まらなくなってしまうのですが、その瞬間から、自分の中で「もう、なりふりかまわない」という言葉を持つようになりました。

医者だから理解が良くなくちゃいけないというプライドとか、データ上の判断とか、そんなことばかりを考えていた自分は本当にダサかった。近医の先生はやれることはすべてやってくれたし、今考えても、治療や初見での判断は正しかったと思います。ただ足りなかったのは、「でも、ちょっとおかしいんです」と言える私の「**母親としての勇気**」だったのです。

私はそれ以来ふっきれてしまいました。医者としての一般的な知識とか判断よりも、

「いつもと違う」「機嫌が悪い」そういう**「お母さんの勘」のほうが当たっている**こともあるのだと。少なくともこれを経験した私は、絶対に母親の言うことを大切にできる医師にならなくてはいけないことを、長男から教わったのです。

手術は無事に終わり、爪はなくなりましたが、趾は残りました。何より、命が残りました。大げさではなく、長男は本当にがんばってくれました。その入院生活中は義母に次男を見てもらい、次男が生まれてから初めて長男と二人でゆっくり過ごす時間を取ることができました。今思うと、長男が「お兄ちゃん」を少し休んで甘える為の時間だったのかな。そして**私が、「あったかいお母さん」になるために必要な時間。**

長男が緊急手術を受けている時間、

創部を開いて洗浄、消毒をする激痛に耐える毎日の苦痛の時間、

抗生剤の点滴治療の時間、

体中、耳までボロボロと皮膚がはがれていくのを見ていた不安な時間、
お友達ができて、結果がいいときにお互いに喜び合った時間、
先生方が夜遅くまで、泊まり込みで子どもを救おうとしているのを見ている時間、
看護師さんの優しさに触れる時間。

面会時間が終わって、「行かないで、ママ、ママ」と泣き叫ぶ長男を病室に残して、泣きながら一人で帰らなくてはならない夜八時。
夜に義実家に帰り、お義母さんが用意してくれたごはんをもらってありがたくて涙があふれる夜九時。そこで寝ている次男を見て、こちらにもごめんねと涙を流す日々。

すべてが自分にとって、苦しかった、不自然だった、恐かった。
そして何より**一人で朝まで眠れる夜が来てしまった。**
ずっと願っていたことだったのに。

夜中に子どもに起こされず、ベッドも四人じゃなく、広々と寝てみたい。

そう、願っていたのに。

私の心はきつく縛られて、息を吸うのも難しいと感じるほど、寂しかった。


「自分の家族や愛する人がそこにいること」は当たり前のように感じるけれど、本当はそれが一番の奇跡。


本当に大切なことに気づかせてもらいました。

幸い長男は治ってくれたから、今また元気にしていられるけれど、今もたくさんの子どもや家族が病気と闘っています。私たちが仲良くしてもらった男の子も、その一人です。どうか一人でも多くの子どもが元気な笑顔で親御さんと過ごせますように。

どんなに子育てが辛いって言ったって、病気の辛さの足下にも及ばない。

この子が生きている、

この子が死んでいない。
この子の代わりに私は死んでもいい。
でも、本当に代わりに死ぬなんてことはできないって知った。
だから、私も生きられるなら、ちゃんと生きなくちゃ。
どんなことがあっても、誰に何を言われても、
なりふりかまわないでがむしゃらに生きよう。
愛する人が生きていれば、それが一番の奇跡。

子どもが生きている、自分も生きている。
この奇跡に今日も感謝をして、大切に大切に、生きたい。
もう二度と、眠れる夜を望んだりしない。

これが、私の子育ての考え方を変えてくれた大きな出来事でした。

おわりに

最後まで読んで下さってありがとうございます。医師の私が、直接診察をしなくても人を元気にしたいと思って始めたブログがきっかけとなり、長い時間をかけてようやく本になりました。これも日頃よりブログを読んで下さっている方々のおかげです。

「子育て」って、生きているのだと思います。

原稿を書き始めた頃と書き終える今では、子供の成長に伴って悩みも考え方も変わっていること気がつきます。いやむしろ一日の中でも、自分の考え方がコロコロ変わり、定めるのがとても難しいとわかります。私もきっとすぐに別の悩みを抱えるのだろうし、子育てもいつかは終わってしまう。その時はきっと「今お母さんを奮闘している」ではなく「先輩」としての意見を偉そうに語ってしまうかもしれない。

そこで、とにかくここを区切りとして、「今の自分にしか書けない事」とか「今まさに悩んで、奮闘している本音のかっこ悪い私」を、この本に詰め込むことにしました。

読んで下さった誰か一人でも、私も含め「お母さんってみんな一緒」なのだと安心し、少しだけ気持ちが楽になってくれるなら、本当にそれだけで私はうれしいです。

最後に。この本の制作については、編集の鈴木さん、写真家の回里さん、装丁家の西垂水さんにお礼を申し上げます。そして、主人、子どもたち、お義母さんと妹をはじめ、東京の家族や群馬の家族、親戚、応援してくれた友人、先生方、こんな私のそばに、いつもいてくれて、支えてくれてありがとうございます。出版に至るまで相談に乗ってくださった青木さん、時さん、宮脇さん、亜希子ちゃん、ブログを読んで下さっている方々、たくさんのつながりに感謝いたします。

須藤暁子

PROFILE

須藤暁子《すとうあきこ》

2歳と4歳の男の子を育てる。放射線腫瘍医。1983年生まれ。群馬県出身。育児に仕事にリアルに奮闘する毎日を綴ったブログ「Dr.須藤暁子の読むおくすり」は20万PV/日。Spotlightに寄稿した子育てエッセイが、累計400万PVを突破、Facebookで30万人以上にシェアされ、話題となる。「ウチが汚いんじゃない、散らかすのが仕事の人がいるだけ」「忘れ物？ 子どもじゃなきゃいいんさ」など、まさに奮闘中の体験から生み出される言葉が「泣ける」「笑える」「元気になれる」と共感の声続々。医師として生死に立ち会う経験を背景にした「命のありがたさ」「子育ての尊さ」「子どもへの視線」を変えるエピソードも魅力。

- Dr.須藤暁子の読むおくすり　http://ameblo.jp/akko-1005/
- 須藤暁子オフィシャルサイト　http://sutoakiko.com

STAFF

撮影／回里純子
装丁／西垂水 敦(krran)
DTP／アーティザンカンパニー
校正／麦秋アートセンター
編集／鈴木聡子

下記はSpotlightに掲載されたものを収録

「子どもがくれたボサボサ頭の似顔絵と、たった三分の時間が私に自信をくれた」

「今日パパ帰ってくる?」何度も聞く君が教えてくれた大切なこと」

「予定が中止になったら、子どもにとって今までで一番いいGWになった」

「ごはんを食べてくれない息子との食事が楽しみになった、パパからの言葉」

子育て奮闘中の母ちゃんドクターが書いた
「男の子ママ」の悩みをぶっとばす言葉

2016年 9 月22日　第1刷発行
2017年 4 月15日　第5刷発行

著　者　　須藤暁子（すとう　あきこ）

発行者　　川金正法
発　行　　株式会社KADOKAWA
〒102-8177 東京都千代田区富士見2-13-3
TEL:0570-002-301（カスタマーサポート・ナビダイヤル）
年末年始を除く平日9:00～17:00
印刷　　株式会社暁印刷
製本　　株式会社ビルディング・ブックセンター

ISBN 978-4-04-601700-0 C0077

Printed in Japan
http://www.kadokawa.co.jp/